France

Spain

放慢腳步，感受歐洲小鎮的清新之美……

Italy

100法西義精選悠緻小鎮

France
Spain
Italy

◎文字／攝影
楊鎮榮
歐洲精緻旅行資深企畫

目錄 Contents

50 法國小鎮

25 西 班 牙 小 鎮

目錄 Contents

25 義大利小鎮

作者序

造訪小鎮，認識另種歐洲風貌

第一次接觸到歐洲小鎮的美，是1986年到法國遊學時，有個週末我參加了學校安排的小鎮之旅，並像是一見鍾情般，從此愛上了歐洲小鎮，而且這份喜愛歷久彌新。之後，在整個遊學期間，每逢週末假日，我便興致高昂地邀約幾個要好的同學，大家開著車子到具有特色的小鎮探險，品嘗當地的美酒、佳餚。

1997年開始，每年暑假我都會帶家人飛向歐洲，但我們的目的地並不是遠近馳名的人城市，而是造訪觀光客較少的歐洲小鎮。這種租車旅遊，雖然所到之處不是什麼可以向人誇耀的大山大水，或名聲響亮的景點，但腳步卻能因此放得更慢，更貼近當地的風土民情。

事實上，小鎮旅遊的方式很簡單，行程規劃通常以大都會為據點，然後租車前往小鎮，當天來回，既可享有城市的便利生活機能，又可遠離城市的煩囂，不必在大太陽底下人擠人，或辛苦的轉車。只要輕輕鬆鬆開車到小鎮，將車子停在鎮外的停車場，花一個上午或下午，悠哉地用雙腳探索小鎮的風貌，用味蕾品味小鎮的美食，最後再雙手提著超市買不到的當地物產滿載而歸。造訪小鎮時，若幸運地恰巧遇上當地慶典或露天音樂會等活動，和小鎮居民一同歡慶佳節，則更是機會難得的人生體驗。

20幾年來，我曾造訪歐洲100多次，踏過歐洲超過800個小鎮，如今為本書精選了法國、西班牙、義大利三個國家的100個特色小鎮，希望能和讀者們分享不同於主流、較不為大眾所知的另種歐洲面貌，而這也是另一種欣賞歐洲的角度，以及另一種旅遊方式與生活風格。

楊鎮榮

作者簡介

楊鎮榮，20年歐洲旅遊的專家，迷戀歐洲的狂熱份子，走遍800個大城小鎮，熟知各地美食脈絡與文化，且通英、法、德、義等語言。

對收藏與收集有驚人的組織能力及記憶，電話卡、地鐵券，各式收據……。凡可以記錄歐洲生活的片段，無一不保存良好，規畫成冊，並且不可自拔的大量蒐羅歐洲書籍與資訊，如鐵道、食譜等，此外，還自行拍攝了5萬張來自大城小鎮的幻燈片，他的工作室儼然像一座歐洲主題圖書館。

曾任專業旅行社導遊，由於喜歡深入旅行，現為自由領隊，以企畫主題旅遊為主，截至目前為止，共完成了107趟歐洲之旅，其中也包括個人的27次自助旅行及5趟遊學。

歡迎與楊鎮榮連絡，了解更多歐遊資訊 www.europass1984.com.tw

內文資訊符號

特產美食

特色建築

特殊景觀

手工藝品

著名景點

小鎮傳說

名人足跡

當地節慶

$ 價格・費用

地址

電話

營業・開放時間

MAP 地圖位置

http 網址

@ 電子信箱

FAX 傳真

休 休息・公休日

!? 注意事項

>行前準備

開車暢遊歐洲小鎮

本書介紹的歐洲小鎮大多距離大城市不遠，開車可一天來回。開車好處多多：不必受限火車、公車班次；在冷天，有暖氣的車子成了舒適空間；疲憊時也可在車上休息；更省了提大小行李的力氣。再加上歐洲道路平整，只要認清地名及基本標誌，按著指標，就算不懂當地語言，照樣能到達目的地。

根據筆者經驗，一般行程的安排是以大城市為據點，上、下午各安排一個小鎮，中午以野餐方式解決，下午逛完小鎮，喝杯悠閒下午茶，晚上回到便利的大城市後，還可看看夜景，或安排夜間娛樂。

上路前的準備

必備證件：國際駕照（最好同時攜帶台灣駕照）、護照、信用卡。

行程規劃

同點租、還車較划算

有些租車公司提供甲地借車、乙地還車服務，但事實上若要跨越國界兩地還車，租金會高昂許多，建議讀者規劃路線時，盡量安排環狀行程，從同一個點進出、同點還車，尤其以一出機場便取車，離開該城市時在機場還車的方式最節省。

上網預約租車真便利

許多大型國際租車公司如Avis、Hertz都可透過網站預約租車，雖然這類大型租車公司租金費用略高，但其據點多，制度完善，對前往陌生國家的旅人來說，較有保障。

http AVIS：www.avis.com/

http HERTZ：www.hertz.com/

善用物美價廉汽車旅館

若您預備租車遊歐洲，並不建議您投宿市區旅館，因為旅館收費昂貴，且歐洲城市巷道複雜，不適合外地客開車；市內停車位難尋及收費不菲，則是另一個問題。

投宿點以大城市周邊的汽車旅館最理想，這些旅館大多位居環城公路旁或交流道附近，不但進出方便，停車免費、房價又便宜，有的還緊鄰大賣場，不管是加油、補充物品都非常便利。汽車旅館的價格也比市區旅館低許多，以法國知名的汽車旅館Formule1來說，三人房一晚收費只要30歐元起，而且還能上網預訂，十分便利。

http Formule 1：www.hotelformule1.com/

租車時要注意的事

依人數、行李件數、長短程考量

若是多人共遊，該租多大的車較恰當？若您是春夏季旅行，行李較少，4個人租5人座車子即可；若是秋冬季節，衣物厚重、行李體積大，則4個人租7人座車子較合適。

歐洲租車費用，每天以跑300公里的路程計算，包含租車費、油料費、過路費、停車費及全險的費用，5人座的租金約80歐元，7人座約100歐元。

車子的配備及用油

大多數車子都有暖氣裝置，但冷氣就不一定有，除了盛夏在南歐旅行，否則冷氣並不一定需要。另外，因歐洲油價相當高，建議讀者可租用柴油車，油料費可省不少，又以大型超市附屬加油站的收費較便宜。

車況檢查

在歐洲租車，車子大約有九成新，車況良好，但租車時仍需與車行確認車況，了解車體是否已有刮碰傷等等。若車子拋錨可緊急聯絡租車公司，租車公司將於離事故最近地點，免費更換用車。一般而言，在歐洲租車還車時，需將油箱加滿歸還。

保險費用不可省

在歐洲租車，保險大致分為人(意外)、車(竊盜、損壞)兩部分，可選擇性加保，但在此強烈建議最好保全險，因為無論是人身意外或是車輛出狀況，在物價高昂的歐洲若沒有保險來分擔風險，賠償費用將很可觀。發生任何事故，請趕緊報警處理，並通知租車公司，以便申請保險理賠。

開車工具書

租車公司會在每部車裡放緊急聯絡手冊、公路圖表。駕駛人最好也自行準備一些工具圖書，例如公路地圖(全歐、單國、特區)、市區地圖(市中心、單行道、停車場)等，以備不時之需。

上路後要注意的事

高速公路

大多數歐洲國家高速公路不收費，如有收費，方式分為手工、刷卡、投幣板、電子感應4種方式。若是長途開車，可利用高速公路休息站，這裡是收集資訊、休息、補雜貨、用餐、野餐的好地方。

環城公路

許多歐洲大城市(例如巴黎)都建有環城公路，一般來說外環供出城，內環供進城。

市區道路

歐洲大城市街道分為單行道、徒步區、特別管制區，在市區駕駛盡量走外側慢速車道。在歐洲市區開車並不便利，加上停車費高昂，強烈建議讀者在市區觀光使用大衆交通工具為佳。

加油站

歐洲大多數加油站沒有專人服務，分為半自助式、全自助式(尤其是週日必須使用專用卡)2種，並設投幣式自助洗車。加油站內補給水、檢查胎壓都是免費的。

補給雜貨

除了可從台灣帶速食麵、乾糧之外，超級市場是補充礦泉水、零食的好地方。另外，週末在小鎮的露天市集可買到新鮮水果、烤雞等當地食物。

駕駛道德

歐洲人開車多循規蹈矩，交通警察執法嚴格，因此在歐洲開車時應遵守交通號誌及速限，禮讓行人及機車騎士，不按喇叭等等。

慎防偷竊

下車時記得養成清艙習慣，任何袋子在下車時記得放在後車廂，貴重物品一定要隨身攜帶，車上連零錢都不要留，以防竊賊打破車窗偷竊。

法國小鎮分布圖

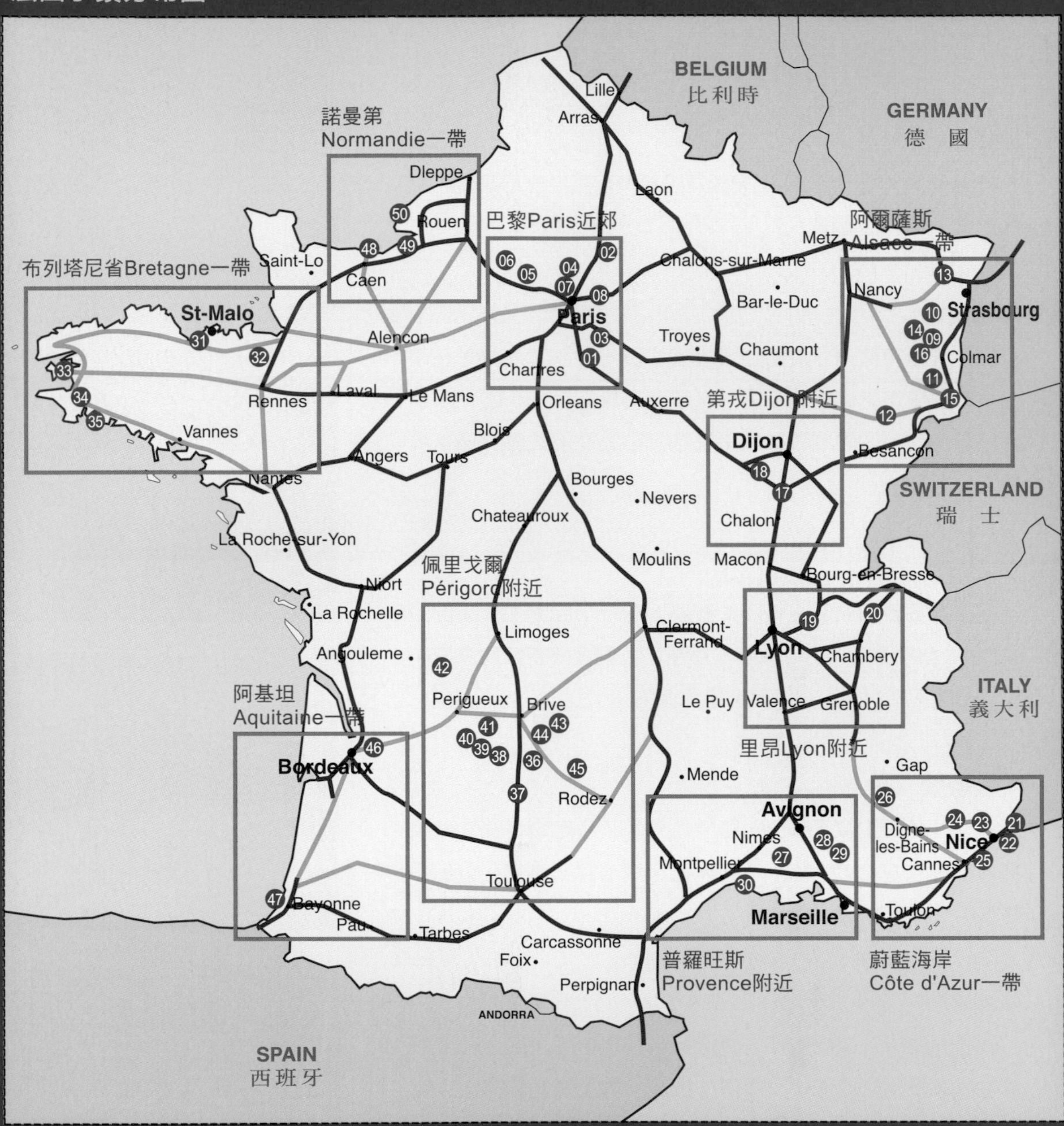

FRANCE

巴黎Paris近郊．巴比松Barbizon．貢比涅Compiegne．子爵城堡Château de Vaux-leVicomte．香提利Chantilly．奧維爾村Auvers-sur-Oise．紀維爾尼Giverny．阿斯尼Asniéres．

阿斯泰利克斯樂園Parc Astérix．阿爾薩斯Alsace一帶．希克威爾Riquewihr．歐貝奈Obernai．阿爾薩斯生態博物館Ecomusée d'Alsace．廊香Ronchamp．撒瓦奈Saverne．考内格斯堡Haut-Koenigsbourg．米盧斯Mulhouse．凱塞斯堡Kaysersberg．第戎Dijon附近．博恩Beaune．新堡Chateauneuf．里昂Lyon附近．佩魯吉Pérouges．安錫Annecy．蔚藍海岸Côte d'Azur一帶．埃茲Eze．費哈角Cap Ferrat．聖保羅St. Paul de Vence．戈登Gourdon．安提布Antibes．席斯特宏Sisteron．普羅旺斯Provence附近．萊博Les Baux．哥何德Gordes．盧西雍Roussillon．艾格莫特Aigues Mortes．布列塔尼省Bretagne一帶．聖蘇利亞Saint-Suliac．

法國篇

富熱爾Fougeres．洛克羅南Locronan．坎佩爾Quimper．84 康卡努Concarneau．佩里戈爾Périgord附近．卡荷爾Cahors．荷卡曼度Rocamadour．多姆Domme．拉后克吉哈La Roque-Gageac．貝那克卡齊那克Beynac-et-Cazenac．拉后聖克里斯多夫La Roque St-Christophe．布朗托Brantôme．柯隆拉魯Collonges-la-Rouge．杜雷納Turenne．康奎斯Conques．阿基坦Aquitaine一帶．聖埃米里翁St. Emilion．比亞里茨Biarritz．諾曼第Normandie一帶．杜威勒Deauville．翁弗勒Honfleur．埃特勒塔Étretat．巴黎Paris近郊．巴

旅人手札
法國篇

遊法國小鎮，新鮮記感！

難忘經驗1：寵愛動物的法國人

在巴黎，我有個法國朋友開寵物美容院，我三不五時會到他那兒串門子，看著上門來的客人與寵物間的互動，幾乎已到了把寵物當成人來看待的地步，讓我甚感稀奇。

有一次閒聊，這位友人告訴我，在巴黎北邊近郊，有個小鎮設有專門安葬寵物的墓園；過沒多久，我便在報紙上讀到一篇有關寵物墓園已近飽和的社論……，於是在一個風和日麗的下午，我搭了捷運到阿斯尼Asniéres一探究竟。

只見人們在塞納河畔悠閒野餐、曬太陽，走進墓園，一點也不陰森恐怖，墓碑上可愛的雕像想必是躺在泥土中那些動物生前的模樣，主人除了到此獻花，還擺上寵物生前玩的各種玩具。讀著動人的墓誌銘，感受主人的真情，我想，這就是人類與動物之間的愛吧！對法國人來說，「牠」們不是用來「寵愛」的「物」，而是一生相許的「同伴」。**(阿斯尼Asniéres小鎮詳細介紹，請見P.30)**

難忘經驗2：法國最美的紅色村莊

我在台灣的法語老師知道我熱愛遊覽歐洲小鎮，當我跟他提到我曾去過的法國小鎮時，他問我：「你去過Collonges-la-Rouge嗎？在我心目中，她可是全法國最美的小鎮啊！」衝著這句話，過沒多久重返法國，我便特地來到這個法國佬心目中最美的小鎮。

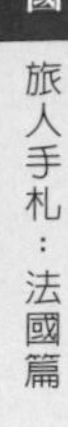

迷人的紅色光采 陽光下閃爍耀眼

第一眼看到柯隆拉魯Collonges-la-Rouge，我便懂了。走過歐洲上百個小鎮，中世紀風情讓人習以為常，但柯隆拉魯的建築採用當地紅色砂岩，讓小鎮散發出一種迷人紅色光采，特別是在太陽照射下，房舍燦爛耀眼得讓人打從心底發出讚嘆！**(柯隆拉魯Collonges-la-Rouge小鎮詳細介紹，請見P.102)**

難忘經驗3：百去不厭的魔力小鎮

我一向是探索頻道(Discovery Channel)旅遊節目的忠實觀眾，這也是我準備旅遊資料的來源之一，若在節目中看到特別景點，我會記下來，像是位於尼斯與蒙地卡羅之間的小鎮埃茲Eze，便是這樣發現的。

埃茲這座山城有種魔力，光看到明信片，就讓人有股想去的衝動。這裡的亞洲觀光客少見，但在歐美名聲已很響亮，這裡有2家精品旅館曾被評比為最浪漫的度假飯店，吸引不少好萊塢明星光顧。我幾次帶團特別安排停留此地，穿梭在山城巷弄、拜訪藝術家工作室、遠眺蔚藍海岸美景……，團員們都非常喜歡這個兼有美景與藝文氣息的小鎮，這裡也是我個人百遊不倦、特別鍾愛的一個地方。**(埃茲Eze小鎮詳細介紹，請見P.59)**

看到明信片，就讓人有想去的衝動

巴黎Paris近郊

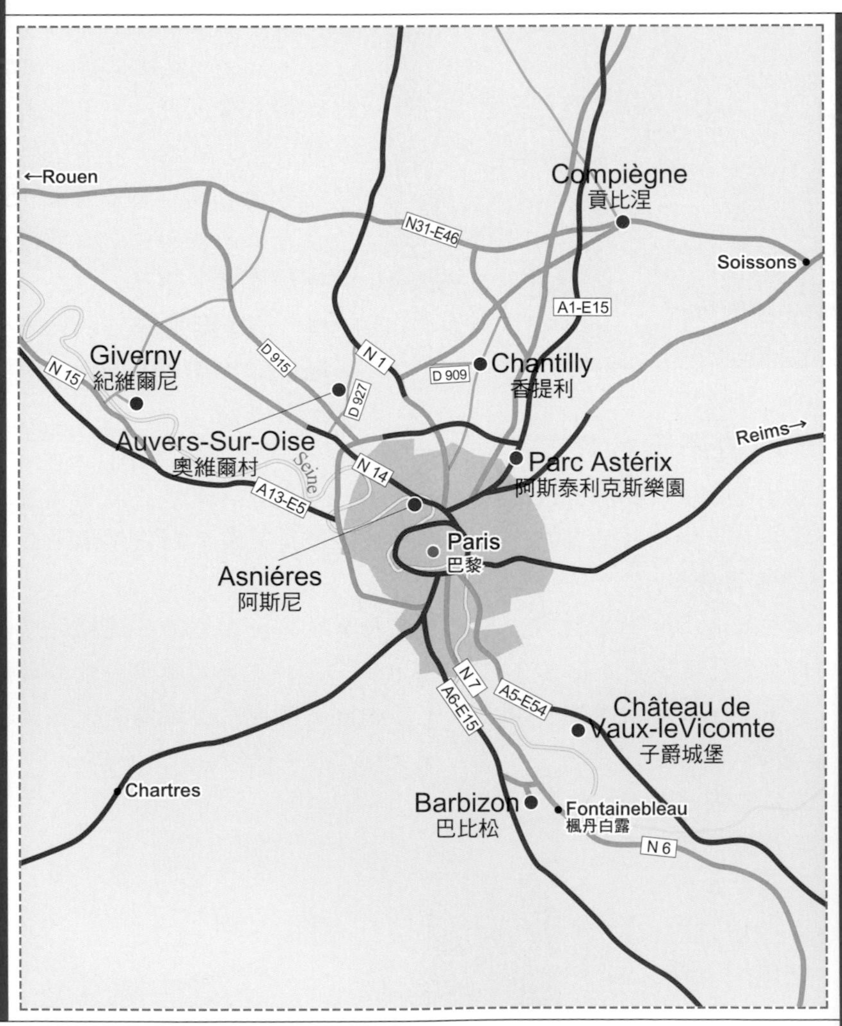

←Rouen
Compiègne
貢比涅
Soissons
N31-E46
A1-E15
Giverny
紀維爾尼
N 15
D 915
N 1
D 927
D 909
Chantilly
香提利
Auvers-Sur-Oise
奧維爾村
Seine
N 14
A13-E5
Parc Astérix
阿斯泰利克斯樂園
Reims→
Paris
巴黎
Asniéres
阿斯尼
N 7
A6-E15
A5-E54
Château de
Vaux-leVicomte
子爵城堡
Chartres
Barbizon
巴比松
Fontainebleau
楓丹白露
N 6

法 國 FRANCE 01

MAP P.16

>米勒故居充滿巴比松畫派精神

巴比松

Barbizon

著名的畫家米勒(Jean Francois Millet)在他膾炙人口的畫作《播種者》、《拾穗》、《晚鐘》中，描繪出了大片的金黃麥田、農民勤奮的身影，這些寫實的法國農村景象，深深吸引著世人的目光。

在巴黎不遠的近郊，一個窮鄉僻壤的村落──巴比松，深藏著美麗自然的楓丹白露森林(Foret de Fontainebleau)，吸引19世紀的藝術家突破以往浪漫主義的風格，轉向忠實描繪自然的風景繪畫，並自成一派，是為「巴比松畫派」(Barbizon School)。

地理位置：

- 巴黎Paris近郊
- 距離巴黎東南方約56公里
- 距離楓丹白露Fontainebleau西方約10公里

旅遊資訊中心：

41, Grande Rue, 77630 Barbizon
01.60.66.41.87
www.barbizon-tourisme.com/
barbizon-tourisme@wanadoo.fr

特產美食

特色建築

特殊景觀

手工藝品

著名景點

小鎮傳說

名人足跡

當地節慶

巴比松畫派，展現寫實風情

巴比松小鎮位居巴黎東南方約56公里處，盡頭是一片楓丹白露森林，這兒原本是個偏僻的小村落，有的只是迷人的法國鄉村風光，以及純樸的農家生活景象。

19世紀中期，對於日漸僵化的古典主義，以及粉飾現實、追求理想的浪漫主義感到厭倦的藝術家們，發現了巴比松這個新天地，他們於是在這裡寫生，以自然風光為主題，創作了一幅幅讓人耳目一新的作品，盧梭、柯羅、米勒等一代巨匠都先後從巴黎移居到巴比松，並發展成巴比松畫派。

到米勒故居、加納旅店，追尋大師身影

現在，巴比松恬靜的鄉村風光不變，但小鎮多了份濃濃的藝文味，在這裡到處留有大師的足跡，畫家曾經住過的房舍、寫生的地點，都一一標示出來供畫迷們朝聖；其中，保存最完整的是米勒故居。而畫家們當年常聚集的小旅店「加納」(Ganne)現則改建成博物館，讓後人得以想像當年藝術大師雲集巴比松的盛況。

巴比松畫派博物館Museum of the Barbizon School of Painting**參觀注意事項：**

週一～週五(週二除外)10:00～12:30、14:00～18:00
週六、週日10:00～18:00

法　國
FRANCE
02

MAP P.16

>民族英雄聖女貞德落難處

貢比涅

Compiègne

貢比涅距離巴黎東北方約82公里，起初是由羅馬人建城，並於中世紀迅速發展；1430年，聖女貞德在此地被勃艮地人逮捕，後人在此立碑紀念她；15世紀，路易十五世國王在貢比涅興建夏宮，而拿破崙也看上了這個城堡；第二次世界大戰期間，貢比涅被德國人占領，並曾為法、德兩軍簽署重要協定之地。

從巴黎坐火車到貢比涅非常方便，只要45分鐘的車程。貢比涅被一萬多公頃的森林所包圍，是個擁有豐富歷史內涵的小鎮。

地理位置：

- 巴黎Paris近郊
- 距離巴黎東北方約82公里
- 距離蘇瓦松Soissons西方約39公里

旅遊資訊中心：

Place de l'Hotel de Ville - B.P. 9, 60200 Compiègne
03.44.40.01.00
www.compiegne.fr/
otsi@mairie-compiegne.fr

特產美食

特色建築

特殊景觀

手工藝品

著名景點

小鎮傳說

名人足跡

當地節慶

聖女貞德紀念碑、貢比涅城堡博物館

城內的貞德紀念碑，紀念她1430年在此地被勃艮地人逮捕的那段可歌可泣的故事。此外，貢比涅城堡原是皇家的夏宮，後來被拿破崙一世看上，並加以改造，現在則成了藝術博物館。

聖女貞德，法國民族英雄

貞德(Saint Joan of Arc)於1412年前後生於法國的農村，是個佃農的女兒，她相信自己受到上帝的感召，因而在百年戰爭中的一場戰役率領法國軍隊擊退英格蘭人，成了英軍的心腹大患。1430年，英格蘭軍隊及其他共謀的法國人在貢比涅逮捕到貞德，並將她以異教徒的罪名處以火刑，但同時也激起了法國人的民族意識，將貞德視為法國偉大的民族女英雄。1920年，天主教會追封貞德為聖女。

福煦元帥與希特勒，先後在此簽署停戰協定

1918年11月11日在貢比涅東北方近郊鐵路上，福煦(Ferdinand Foch)元帥與德軍在專用車廂裡，簽訂了停戰協定，車廂也因具有紀念價值而保存下來；第二次世界大戰期間，1940年6月22日，希特勒在這輛車廂中簽訂了「法、德停戰協定」，之後德國人將車廂運回德國，可惜的是，這見證人類歷史的紀念物，德國人為了不讓盟軍重新獲得，而在1945年4月將車廂炸毀。

法國
FRANCE
03

MAP P.16

>凡爾賽宮的設計原型

子爵城堡

Chateau de Vaux-le Vicomte

凡爾賽宮，是法國宮殿建築、庭園藝術首屈一指的代表，每天都有無數旅客湧進，只為一睹它的美。然而默默座落於巴黎近郊的子爵城堡，雖沒有凡爾賽宮的超人氣，但它可說是凡爾賽宮建築設計概念的前身，且大大有看頭。

地理位置：

- 巴黎Paris近郊
- 距離巴黎東南方約50公里

旅遊資訊中心：

Château de Vaux-le-Vicomte, 77950 Maincy
05.72.77.22.44
www.vaux-le-vicomte.com/
chateau@vaux-le-vicomte.com

特產美食

特色建築

特殊景觀
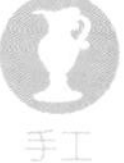
手工藝品

著名景點

小鎮傳說

名人足跡

當地節慶

路易十四的財務大臣，奢華排場惹禍上身

話說路易十四的財務大臣浮奎特(Nicolas Fouquet)深受國王重用，有著高品味及雄厚財力的他，因而為自己打造了一座華麗的官邸，就在1661年8月17日落成的那一天，他邀請了路易十四到官邸作客，並極盡奢華之能事款待這位重要的貴賓。當路易十四親眼看到此官邸華美的建築、奢侈的排場，不禁訝異於浮奎特的財力而心存懷疑，也分外地眼紅，從那一天起，浮奎特不僅失了寵，最後還落得被逮捕的命運，後來路易十四也將打造子爵城堡的建築師、藝術家，原班人馬請來設計屬於他自己的凡爾賽宮。

子爵城堡，由建築師、裝飾家、風景畫家齊打造

當浮奎特起意打造一座屬於自己的官邸時，他找來的三位人才都是一時之選：建築師路易(Louis Le Vau)、裝飾家夏爾(Charles Le Brun)，以及風景畫家安德列(André Le Notre)。此城堡位於一片蓊鬱的林園中，城堡前的花園設計是繁複、和諧對稱的巴洛克式風格，人造的噴泉、瀑布，精美的雕刻……，步行其中，宛如走在人間天堂。

子爵城堡外的花園面積占地約3平方公里，設計中展現了浮奎特的創意，在17世紀的當時，此花園可說成功開了一個建築與環境和諧共融的創舉。幾何狀井然有序的小徑之間，種植著如茵的草地與花圃，其間點綴著以神話故事為題材的雕像，水池、噴泉源源不絕地湧出清泉，整座花園的布局充分展現出自然之美，並不經意散發貴氣，成了後來許多宮殿、貴族宅邸起造模仿的原型。

打造子爵城堡的建築師及藝術家們，以富麗堂皇、誇耀的風格，來展現城堡主人尊貴的身份地位及財力，難怪如此奢華的作品會引起當時身為帝王的路易十四大怒，也讓他心動地想以子爵城堡為藍本，建造一座更華麗的凡爾賽宮，而立下了往後法國宮殿的建築典範。

MAP P.16

>法國首屈一指的馴馬重鎮

香提利

Chantilly

香提利位於巴黎北方約51公里處，古時這裡是皇室貴族鍾愛的狩獵及騎馬場地，今日則是法國的馴馬重鎮，也是著名的度假勝地。

來到香提利，最具看頭的，莫過於那座建在人工湖岩島上的14世紀城堡，只見幽靜的湖面倒映著古典的建築，並與圍繞城堡的大片森林相互呼應，活像是畫裡才見得到的風景。

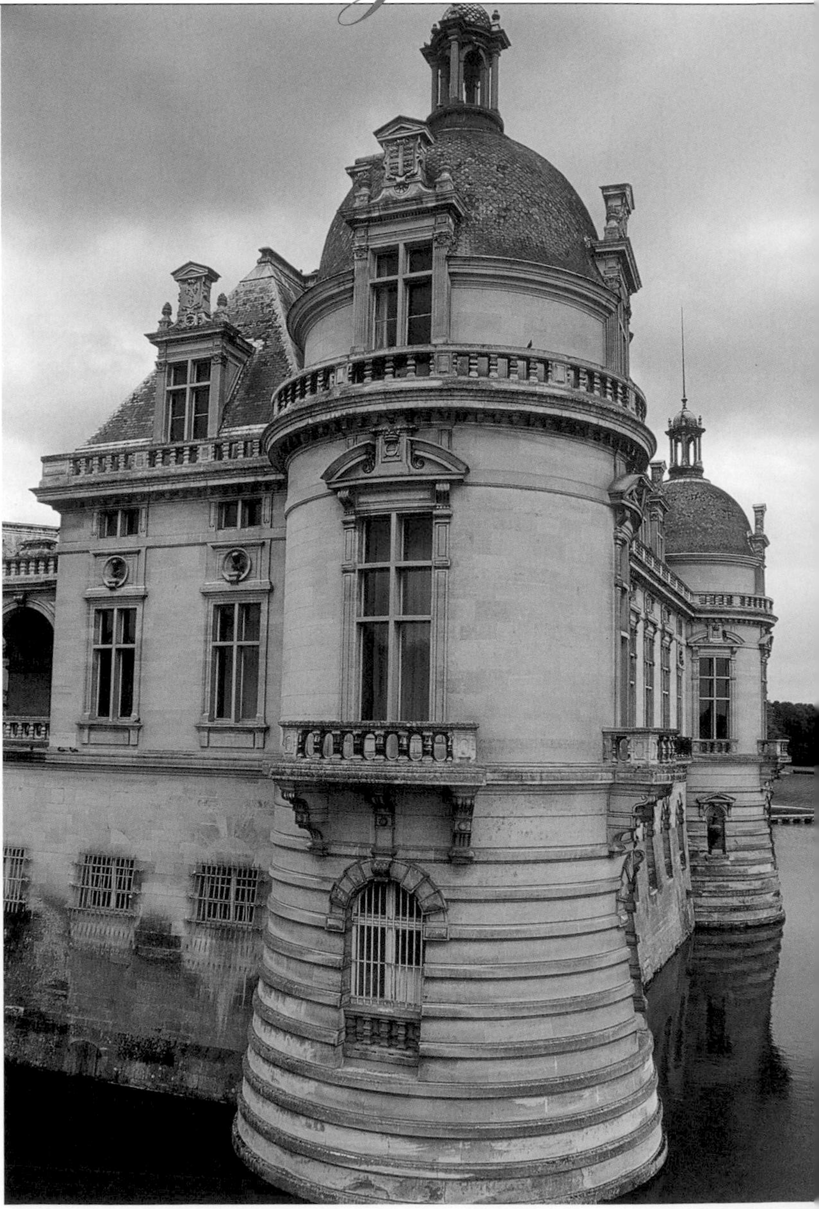

地理位置：

- 巴黎Paris近郊
- 距離巴黎北方約51公里
- 距離貢比涅Compiègne西南方約45公里

旅遊資訊中心：

60, Avenue du Marechal Joffre - B.P. 60233, 60633 Chantilly

03.44.67.37.37

www.chantilly-tourisme.com

office@chantilly-tourisme.com

每年舉行賽馬活動

自古以來的法國皇室貴族們，都喜愛駕著俊美的馬匹，奔馳在香提利附近一片幽靜的森林裡狩獵，自然而然地，馬術，成了香提利悠久的傳統。香提利不僅有馬匹博物館，而且每年仍定期舉行賽馬活動。

香提利城堡，訴說貴族奢華生活

香提利城堡是小鎮最精彩的景點，已經有六百多年歷史的古堡，座落於人工岩湖旁，優雅壯觀的建築物，以及圍繞著古堡的綠林，倒映在湖面中，構成一幅美麗的景象。

城堡在1886年歸於法國研究院之下，並改建成博物館，除了展出17～19世紀的畫作之外，亦展示珍貴的珠寶、擺飾、古董家具等等，此外更設有圖書館。

城堡外，是一座於17世紀晚期由名花園設計師打造的115公頃花園，偌大的園區分成法式、英式，以及饒富異國情調的東方風主題，展現了城堡主人的精心品味。天氣好的時候，遊客還可以乘坐馬車悠遊花園，享受宛如法國貴族般的尊貴與浪漫。

http 香提利城堡：www.chateaudechantilly.com

特產美食

特色建築

特殊景觀

手工藝品

著名景點

小鎮傳說

名人足跡

當地節慶

MAP P.16

＞追尋藝術大師梵谷的最後足跡

奧維爾村

Auvers-Sur-Oise

現在全世界有許多人都很熟悉並喜愛荷蘭籍畫家梵谷的作品，但在他充滿悲劇的人生旅途中，其以生命熱情所畫出的不朽作品，始終無法得到當時人們的認同。如今，有無數的畫迷來到奧維爾村追悼梵谷這位偉大的畫家，粉絲們默默追尋他走過的足跡、居住過的房子，期待能穿越時空的距離，與這位大師的心靈相遇。

地理位置：

- 巴黎Paris近郊
- 距離巴黎西北方約33公里
- 距離香提利Chantilly西南方約30公里

旅遊資訊中心：

✉ Manoir des Colombieres - rue de la Sansonne, 95430 Auvers-sur-Oise

☎ 01.30.36.10.06

http www.auvers-sur-oise.com/

@ otsi.auvers@wanadoo.fr

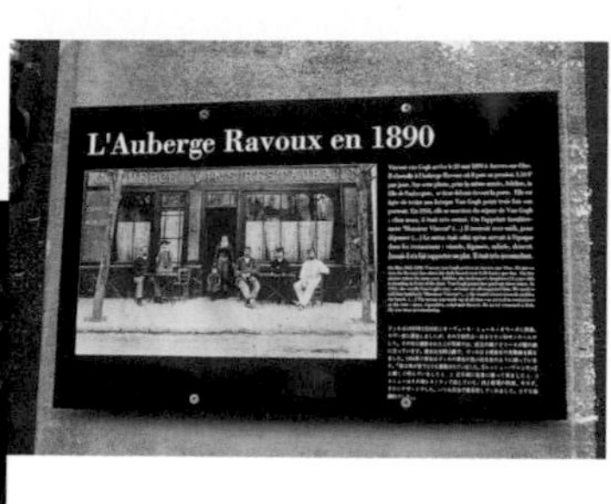

梵谷生前住的房子、常去的餐廳

奧維爾這個純樸的小鎮仍保留梵谷當年居住的房子、餐廳，以及他的陵墓，眼尖的畫迷可從小鎮的景物中認出種種梵谷畫作裡的場景。街上的小旅館Ravoux Inn二樓，是梵谷住的房間，樓下則是他最常光顧的餐廳。這位偉大的藝術家在世時受盡了生命的苦痛，最後長眠於村外的一片麥田中，回想梵谷的一生，以及觀照他充滿張力的作品，不僅令人心疼，也不勝唏噓。

梵谷生前最後居留地

1890年，梵谷在世的最後兩個月，他移居至法國的奧維爾村，並定居下來。這個時候的梵谷，心靈處於混亂狀態，他在這兩個月中，共畫了約70幾幅的作品，奧維爾村中的教堂、黑色群鴉飛過金黃麥田等景致，全都成了他筆下的題材，梵谷在此地度過人生最黑暗的日子，對生命的掙扎依舊，最後他選擇在附近的田野自殺，結束生命。

MAP P.16

>莫內唯美故居，引領風騷

紀維爾尼

Giverny

睡蓮，莫內的執著喜愛

1883年開始，莫內定居於巴黎近郊的紀維爾尼小鎮，直到逝世為止。他在此小鎮打造了個人的畫室，並在這個小天地中完成了許多流傳千古的大作，例如：《白楊》(Poplars)、《乾草垛》(Haystacks)、《塞納河之晨》(Mornings on the Seine)等等。1890年，莫內又在畫室蓋了一座睡蓮花園，並開始了他長達二十多年以降，以睡蓮為主題的連作。

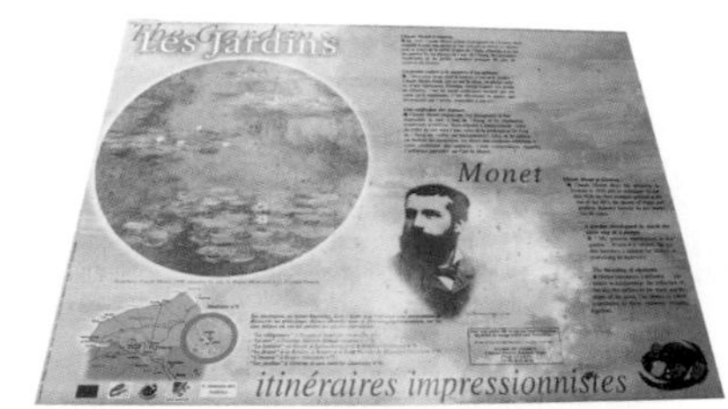

莫內(Claude Monet)於1840年生於巴黎，是印象畫派的一代宗師，從1874年展出《印象：日出》之後，遭到批評家以「印象主義者的展覽會」的譏諷評語而聲名大譟，並開啓了印象畫派的風潮。

地理位置：

- 巴黎Paris近郊
- 距離巴黎西北方約75公里
- 距離盧昂Rouen東南方約67公里

旅遊資訊中心：

- 84 rue Claude Monet 27620 Giverny
- 03.32.32.51.28.21
- www.fondation-monet.com/
- contact@fondation-monet.com

印象派宗師莫內，打造個人藝術天地

1883年，43歲的莫內逃離巴黎大都市的塵囂，來到充滿純樸田園風光的紀維爾尼；1892年，他確定要在此度過下半輩子的人生，並將租來的房舍與花園買下，後來，他又在花園後方開鑿了一個人工池塘，鍾愛日本文化的他在池上搭建了一座日式拱橋，在水中栽種了蓮花，池畔有爭奇鬥豔的各式花卉點綴……。莫內十分享受他一手打造的世界，他在這裡生活、作畫，自己親手打造的美景讓他的靈感泉源不絕，除了到外地展覽之外，大多數的時間，他都沉浸在這片天地之中。

莫內過世之後，1966年，兒子米歇爾(Michel)的後代將莫內故居捐贈給法國藝術學院，如今，每年都有大約50萬名遊客專程從世界各地前來，一睹大師筆下的美景，親身感受莫內的其人其事。

莫內居住了40幾年的房舍、花開燦爛的花園，以及風情萬種的池塘，處處都是大師畫作中的真實場景呈現。此外，莫內故居還展示了莫內收藏的日本浮世繪畫作，這也透露出大師對日本文化的迷戀，以及他所受的影響。

MAP P.16

> 塞納河畔的寵物墓園

阿斯尼

Asniéres

對於疼愛寵物、視寵物為家人的法國人來說，為他們打造一個優靜的長眠之地是一件不足為奇的事。距巴黎不遠的阿斯尼小鎮，就有一座十分特別的寵物墓園，不管您喜不喜歡小動物，有機會的話，或許可來見識一下這座充滿溫情、一點也不可怕的墓園。

此外，路易威登(Louis Vuitton)，這個替皇室貴族打造皮革飾品起家的國際超級名牌，它的故事開始於150年前，阿斯尼這個小鎮上。

寵物安息地，充滿溫情與祥和

阿斯尼近郊，在潺流不息的塞納河畔，Gabriel-Péri，這座建於1899年、專屬人類忠實伙伴的靈魂最終安歇地，毫無一般墓園予人的陰森氣氛。風和日麗的午後，有不少法國人喜歡來到這片安靜優美的園地散步、野餐，走進墓園，只見一處處墓碑上，有主人們為心愛寵物刻劃下的如栩身影，以及真情流露的墓誌銘。

有超過10萬隻的寵物葬於此地，除了貓、狗之外，甚至還有兔子、鳥類、馬、獅子、猴子等等。這裡也是許多世界「名狗」的安息之地，墓園中最有名的大明星，莫過於在美國家喻戶曉、曾演出同名電視劇、共拍了26部電影，並在好萊塢星光大道烙下「狗腳印」的狗明星「鈴叮叮」(Rin-Tin-Tin)。

地理位置：

- 巴黎Paris近郊
- 距離巴黎北方約6公里

旅遊資訊中心：

17, Rue Pierre Brossollette, 95270 Asniéres-sur-oise
01.34.68.09.90
www.ville-asnieres-sur-oise.fr/
siarb@wanadoo.fr

溫馨、安靜、優美

特產
美食

特色
建築

特殊
景觀

手工
藝品

著名
景點

小鎮
傳說

名人
足跡

當地
節慶

到LV名牌創始工坊朝聖

除了寵物墓園，阿斯尼還有一段不可不知的光輝歷史，那就是法國知名品牌路易威登的同名創辦人，在此創立了他的工坊，專門為皇室貴族製作行李箱，並接受各種訂製的皮革製品；當然，目前此工坊已不足以供應LV精品銷售全球的需求，目前只有高價位的特殊訂製品才在這裡製作。位於阿斯尼LV工坊旁的博物館，存放了LV一百五十年來的經典作品，這座具有傳奇色彩的大宅，處處充滿LV特有的高貴氣質，裡頭珍藏了皇室貴族名人訂製的作品，以及古董行李箱，這些產品可說是具有藝術價值的工藝品，讓人看得目不暇給，是LV迷一生不可錯過的朝聖之地。

阿斯尼
LV名牌創始地

法 國
FRANCE

08

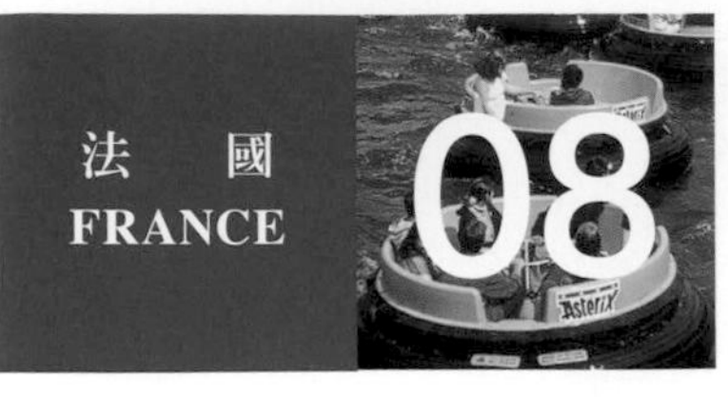

MAP P.16

> 夢幻迪士尼靠邊閃，高盧英雄上場

阿斯泰利克斯樂園

Parc Astérix

當代表美國大眾文化的迪士尼卡通橫掃全球之際，法國的巴黎也無可倖免成了迪士尼樂園的據點之一，但一向以深厚文化自詡的法國人，當然容不得他們眼裡這種「膚淺」的美國商業產物，在自家的土地大鳴大放，因而趕緊拱出風靡歐洲、以法國人的祖先高盧人為主角的漫畫——阿斯泰利克斯的冒險故事，打造一個以歐洲中世紀為主題的遊樂園。

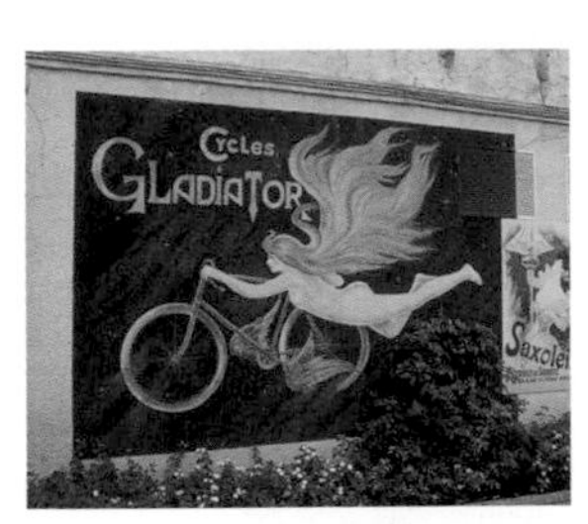

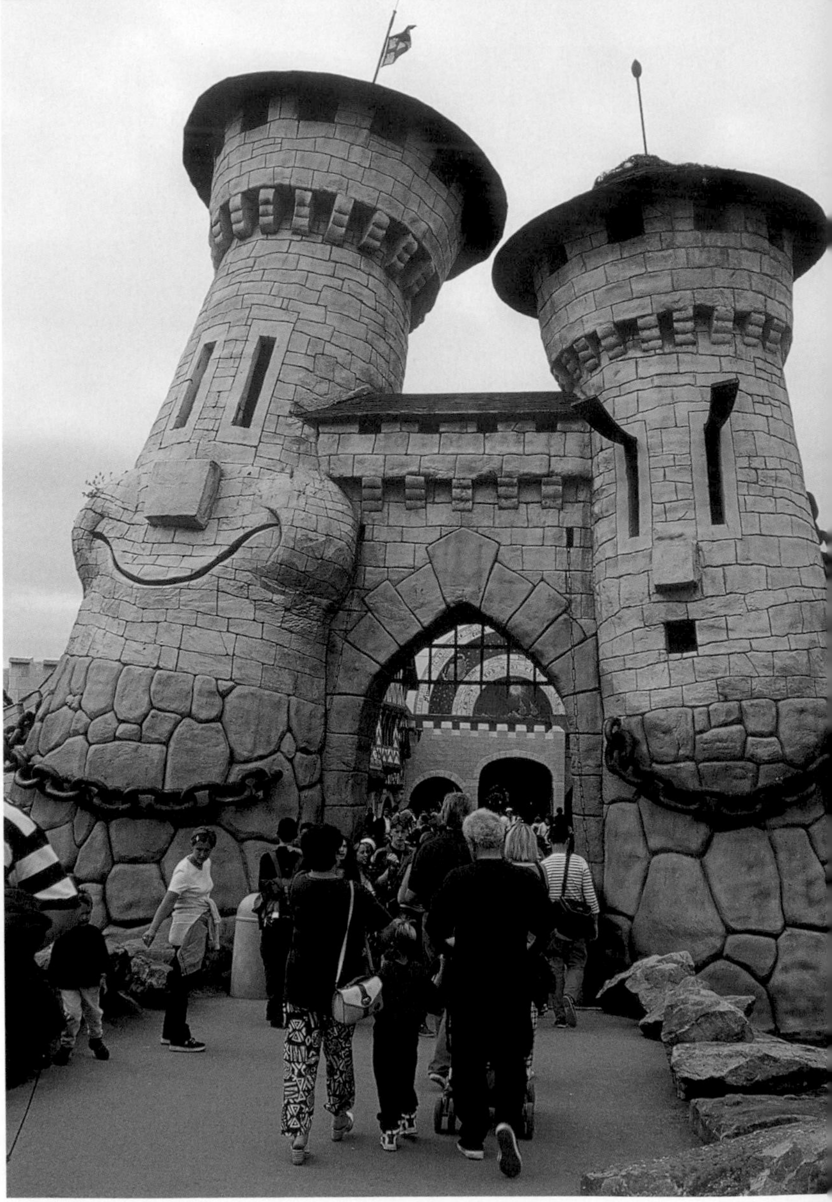

地理位置：

- 巴黎Paris近郊
- 距離巴黎東北方約35公里

旅遊資訊中心：

BP 8, 60128 Plailly
03.44.62.31.31
www.parcasterix.fr/v2/default.asp
contact@parcasterix.com

純法國製造遊樂園，訴說高盧英雄的故事

這個純正法國製造的遊樂園有別於美式的迪士尼，是個以法國英雄阿斯泰利克斯為主題的遊樂園，加入了歷史的元素，比起搞笑的米老鼠，在定位上顯得成熟許多。

此樂園內分成古希臘村、古羅馬村、中世紀村、摩登時代等等；在遊樂機具方面，比起以全家大小皆可玩訴求的迪士尼更加刺激，光是雲霄飛車就有好幾種，而最具代表性的，就是全歐洲最大的Tonnerre de Zeus，其軌道以木頭打造，別具特色。另外，園內有大大小小約20個劇場上演

著充滿歡樂的精彩節目，園區內定時也有戶外表演，以炒熱氣氛；像是重現百年前風情的浪漫巴黎大道，就相當深受遊客喜愛。自1989年遊樂園成立以來，每年約吸引200萬的遊客到訪，這裡也是法國觀光當局力薦的熱門景點。

一個高盧部落矮子阿斯泰利克斯和朋友奧貝利克斯，遭遇奇遇的故事

阿斯泰利克斯漫畫，風靡歐洲50年

連環漫畫風行的歐洲，造就了不少耳熟能詳的漫畫人物，例如：比利時漫畫家艾爾吉(Herge)筆下的《丁丁歷險記》、佩約(Peyo)筆下所畫的奇幻《藍色小精靈》。而兩位法國漫畫家烏德佐(Albert Uderzo)與哥辛尼(Goscinny)，創作的《阿斯泰利克斯》漫畫，在半世紀以來，陪伴了無數歐洲人成長。

《阿斯泰利克斯》漫畫，描述在凱撒大帝征服高盧的時代，一個高盧部落矮子阿斯泰利克斯(Astérix)和朋友奧貝利克斯(Obelix)，遭遇的各種奇遇；他們所屬的部落，是當時唯一一個未被凱撒征服的高盧部落。這部以高盧民族為題材的長篇漫畫已在歐洲風行近半世紀，同時也是世界上最暢銷的作品之一，在全世界以100種以上的語言發行，並已突破3億冊的銷售量。

阿爾薩斯Alsace一帶

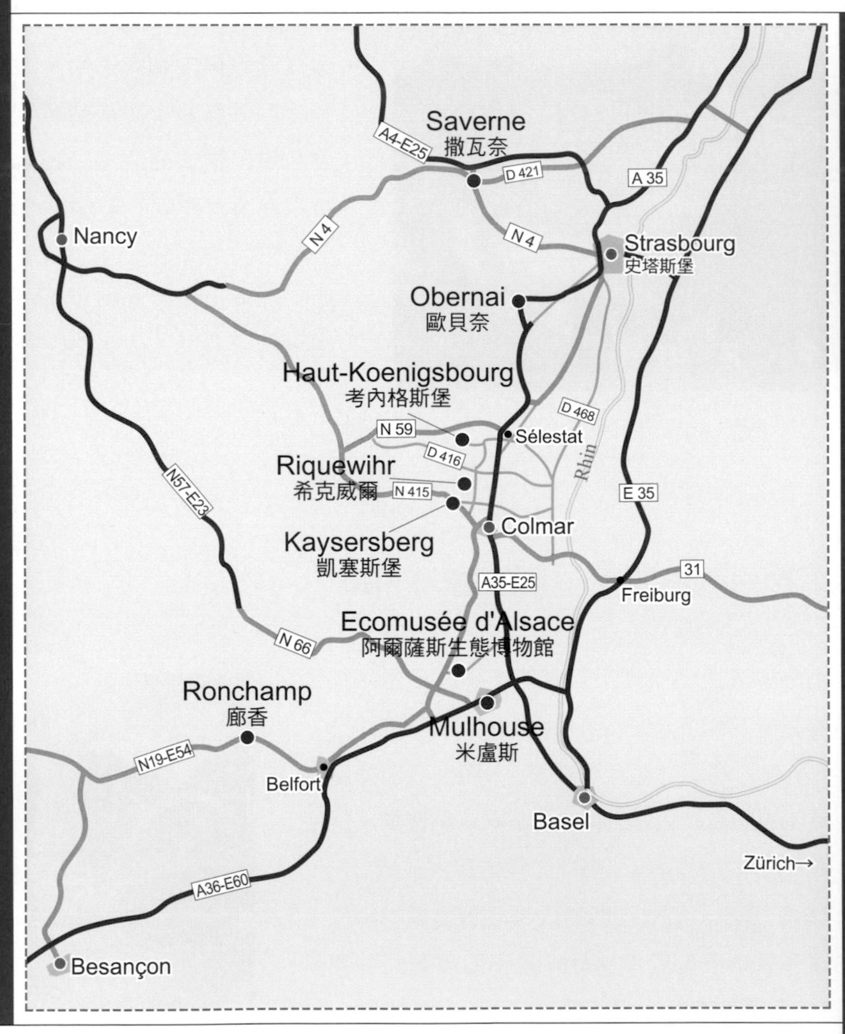

法國 FRANCE 09

MAP P.34

>阿爾薩斯地區最具代表性酒鄉

希克威爾

Riquewihr

法國東北方的阿爾薩斯一帶，遍布著結實纍纍的葡萄園，是法國白葡萄酒產量最高的區域，希克威爾則是阿爾薩斯地區最具代表性的酒鄉之一，此地不僅出產瓊漿玉液般的葡萄酒，置身在這個被厚實中世紀城牆圍繞的小鎮中，保存完整的古街道、和諧瀰漫在清新空氣中的葡萄酒香氣，讓到此一遊的訪客不由得自醉於眼前如此美好的光景。

城牆外大片葡萄園，城牆內童話故事場景

希克威爾小鎮的四周被厚重的城牆所包圍，城牆外是一大片如畫的葡萄園，城牆內的希克威爾是一座保存良好的中世紀小鎮。小鎮裡蜿蜒的石坂路兩旁，有著色彩鮮艷的古老房舍，房舍的鋪石庭院種著花草，每間房子的窗櫺及外牆都有著獨特的雕刻與裝飾，讓人像是置身童話世界般。

地理位置：

- 阿爾薩斯Alsace一帶
- 距離史塔斯堡Strasbourg西南方約65公里
- 距離科爾馬Colmar西北方約12公里
- 距離賽勒斯塔特Sélestat西南方約17公里

旅遊資訊中心：

B.P.28, 68340 Riquewihr
08.20.36.09.22
www.ribeauville-riquewihr.com
info@ribeauville-riquewihr.com

特產美食

特色建築

特殊景觀

手工藝品

著名景點

小鎮傳說

名人足跡

當地節慶

慢食，嘗美酒晚餐

希克威爾最具特色的，是有不少遵循古法製酒的葡萄酒莊，多會開放酒窖供遊客參觀，還可品嚐各家的葡萄酒。入夜之後，在點點星空下，坐在露天餐廳享用一頓「慢食」的法式晚餐，佐以香醇的當地白葡萄酒，可說是人生一大享受！

談到慢食，近一兩年來，寶島台灣也漸漸被歐洲這股「新生活風氣」感染了。歐洲人認為，凡事衝衝衝，不僅會把自己搞得緊張兮兮、帶來壓力，還會影響健康，對身心靈可說是一大殘害，即使因此賺到全世界，但也錯失了許多生活中信手拈來珍貴的美感。大家都知道法國人很懂得享受生活，在緩慢中細細品味食物的美味；在美食醇酒相伴下與親友共享團聚時光，在暖和的陽光下躺在草地上敞開書本；沉浸於書中的世界；或在街角停下腳步，享受一杯午後的咖啡與甜點……這就是法國人的”C'est la Vie”(這就是人生)。

Slow

C'est la Vie

Movemen

法國 FRANCE 10

MAP P.34

>走進色彩繽紛的童話世界

歐貝奈 Obernai

史特歐迪雷(Mont Ste-Odile)山腳下，有片被葡萄園覆蓋的低地，那裡的古城牆包圍了歐貝奈小鎮。悠遠的歷史、窄巷的風情，以及古老的房舍，在在說明了歐貝奈的古城氛圍。

此小鎮原是14世紀著名城市聯盟「迪卡波里斯」(Decapolis)的一員，並在16世紀達到盛景。如今，歐貝奈是下萊茵河一帶僅次於史塔斯堡(Strasbourg)，最深受旅客喜愛的小鎮，也是阿爾薩斯省推廣的「葡萄酒之路」旅遊路線中，必遊之地。

地理位置：

- 阿爾薩斯Alsace一帶
- 距離史塔斯堡Strasbourg西南方約30公里
- 距離科爾馬Colmar北方約48公里

旅遊資訊中心：

Place du Beffroi, 67210 Obernai
03.88.95.64.13
www.obernai.fr/
ot@obernai.fr

特產美食

特色建築

特殊景觀

手工藝品

著名景點

小鎮傳說

名人足跡

當地節慶

10月葡萄酒豐收節慶，全鎮瘋狂歡樂

充滿古意的歐貝奈，不僅能滿足遊客視覺上的享受，還能滿足老饕的胃。走在小鎮裡，美味餐廳飄來陣陣香味，不禁讓人想聞香而入，而且別忘了佐配當地盛產的葡萄酒，好好滿足口腹之慾。每年10月的葡萄酒豐收節慶，會為整個城鎮營造歡樂氣氛，人們無不以美酒與佳餚來大大慶祝一番。

用色鮮豔的房屋，宛若童話屋

經過一片寬闊的葡萄園之後，走進歐貝奈小鎮，眼前盡是童話世界中的古老房舍，房舍被漆上鮮豔的色彩，無論是陽台、窗戶、門前，處處都是花團錦簇的盆栽。馬歇廣場(Place du Marché)則是小鎮的生活重心，廣場中央有座於1904年矗立的聖歐迪雷(St Odile)雕像噴泉，只見四周鮮豔的房舍將廣場包圍得密密實實，相當有味道；其中包括15～16世紀的市政廳，市政廳的外觀有著精緻的窗戶及陽台；另外，有座60公尺高的鐘塔，其歷史更可追溯至13世紀。

MAP P.34

> 走進時光隧道，體驗古老農村生活

阿爾薩斯生態博物館

Ecomusée d' Alsace

阿爾薩斯生態博物館，是阿爾薩斯最古老、也最年輕的村落。1980年以前，這裡原本是荒蕪一片，但是這塊土地後來在法國政府的細心規劃下，將法國古老的農村生活，包含房舍、用具，以及生活方式，全都完整地保存下來，重現上一個時代的日常生活。

農村生活，寫實重現

這個生態博物館並不是一個冷冰冰的展示場所，其露天園區就像一座百年前的農村，聚集了大約70間來自阿爾薩斯地區的農舍，讓人以為走進了時光隧道。農村裡有民舍、商店、工匠的作坊、藝品店、餐館等等，不同於一般以娛樂為取向的文化村，阿爾薩斯生態博物館村裡所有的建築與擺設，都非常考究地原樣重現，並不時有穿著傳統服飾的村民走在其中，而且似乎無視於遊客的存在，自然地在村裡幹活，這麼生動有趣的博物館兼具了教育與休閒功能，也成了歐洲地區此類露天博物館的典範。

地理位置：

- 阿爾薩斯Alsace一帶
- 科爾馬Colmar西南方附近
- 米盧斯Mulhouse西北方附近

旅遊資訊中心：

Bp 71 F - 68190 Ungersheim
03.89.74.44.74
www.ecomusee-alsace.fr

特產美食

特色建築

特殊景觀

手工藝品

著名景點

小鎮傳說

名人足跡

當地節慶

MAP P.34

>廊香禮拜堂，科比意代表作

廊香

Ronchamp

位於法國阿爾薩斯省的廊香，其實只是一個平凡的小鎮，但一年到頭，從世界各地來的遊客卻絡繹不絕，他們像是朝聖者般帶著虔誠的心情來到這裡，為的是一睹現代建築先驅科比意(Le Corbusier)最具代表性的作品——廊香禮拜堂。

地理位置：

- 阿爾薩斯Alsace一帶
- 距離貝桑松Besangon東北方約94公里
- 距離貝爾福Belfort西方約22公里

旅遊資訊中心：

✉ 14, place du 14 Juillet, 70250 Ronchamp
☎ 03.84.63.50.82
http www.tourisme-ronchamp.fr.st
@ officetourisme.ronchamp@wanadoo.fr

廊香禮拜堂，柯比意的光影遊戲

1950～1955年，科比意在廊香建造的這座禮拜堂，成了20世紀現代建築的代表，也是愛好建築、藝術者一生必前來朝聖、膜拜的重要作品。此禮拜堂顛覆了傳統建築的觀念，外表看起來實著是一棟怪異的建築，厚重粗糙的白色外牆，頂著像海盜帽子般的屋頂；走進內室，牆上像洞穴般挖出了數個不規則的窗戶，戶外的光線透進彩繪玻璃，讓幽暗的內部充滿著神祕氣氛……，這個建築作品充分展現了科比意流傳千古的名言：「建築是在光亮中，將物體巧妙地、準確地、華麗地拼合在一起的遊戲」。

科比意，全方位的藝術家

說起科比意(Le Corbusier1887～1965)，這位在當代建築界有著相當重要地位的大師，他前衛的思想為現代建築注入了全新的觀念與視野，引領著建築的思想潮流，可說是20世紀最具影響力的偉大建築師之一。科比意才氣縱橫，不僅是建築師，也是出色的畫家、作家、思想家及城市規劃家。他擁有超越常規的想像，他將自己在各領域的天賦透過建材創作，用建築作詩，將他腦海中的思想化為形體……，因而創造出一座座「令人感動的建築」，而不只是冰冷的水泥堆砌體。

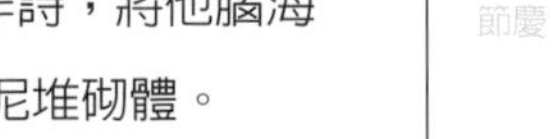

法　國
FRANCE

13

MAP P.34

>宗教改革運動重要根據地

撒瓦奈

Saverne

從菲爾斯柏(Phalsbourg)高原到萊茵平原，從禿裸的山景到另一邊孚日(Vosges)山脈濃密的黑森林，這一段地景是阿爾薩斯一帶最壯觀的景色。撒瓦奈位於孚日山脈的中間，是通往阿爾薩斯的主要門戶，想當然爾，如此舉足輕重的戰略性位置，在許多歷史重要事件中也曾留下輝煌的痕跡。

地理位置：

- 阿爾薩斯Alsace一帶
- 距離史塔斯堡Strasbourg西北方約39公里

旅遊資訊中心：

Zone pietonne - 37 Grand' Rue, 67700 Saverne
03.88.91.80.47
www.ot-saverne.fr
info@ot-saverne.fr

羅漢城堡，一座由宗教領袖建造的城堡

馬因運河(Rhine-Marne Canal)與柔恩(Zorn)河清柔地穿越撒瓦奈，潺潺的流水彷彿訴說著小鎮悠遠的歷史。在16～17世紀歐洲的宗教改革運動中，斯特拉斯堡的主教逃亡到撒瓦奈，並控制了孚日山脈，撒瓦奈最具可看性的景點，便是當時主教建造的「羅漢城堡」(Château des Rohan)。

此城堡曾經是高盧人的宮殿，有著簡樸的建築風格，馬因運河在城堡的花園優雅地轉了個彎，形成天然的屏障。聖母院(Notre-Dame-de-la-Nativité)裡，則有著精緻的祭壇雕刻；另外，小鎮每年6～9月開放的玫瑰園(La Roseraie)中，玫瑰盛開時一片姹紫嫣紅，充滿著法式的園藝浪漫，使人深深陶醉。

孚日山脈進出要道

曾是歷史中重要的戰略位置

法　國
FRANCE

MAP P.34

>獨一無二的粉紅軍事城堡

考內格斯堡

Haut-Koenigsbourg

考內格斯堡，是一座立於757公尺高山上的防禦城堡，城堡的粉紅色岩石牆身散發出雄偉的氣勢，像個巨人般盤踞於佛斯格斯山(Vosges)的山頭。從城堡的露台遠眺，眼前是最美的風景，尤其在清朗的天候下，一望無際的萊茵河平原，與周遭蔥鬱的森林、秀麗的山景，構成一幅令人嚮往的美境圖畫。

地理位置：

- 阿爾薩斯Alsace一帶
- 距離賽勒斯塔特Sélestat西南方約8公里
- 科爾馬Colmar北方附近

旅遊資訊中心：

F-67600 Orschwiller
03.88.82.45.52
www.monum.fr/prehome/prehome.dml
tania.huchelmann@monum.fr

考內格斯堡博物館：

www.haut-koenigsbourg.net

到考內格斯城堡用餐，享受貴族品味

考內格斯堡有著悠遠而複雜的歷史背景，因著戰略地理優勢，而在12世紀成為重要的軍事基地，但也曾於多次戰爭中遭受池魚之殃，所有權一再易主，到了1899年，它已是一座殘破的廢墟。威爾漢二世(Wilhelm II)將廢墟買下，大興土木，試圖恢復城堡昔日的風華，並希望此城堡能成為代表阿爾薩斯地區歷史的建築。

目前城堡裡的大多數房間都開放參觀，可讓人一窺阿爾薩斯地區中世紀時代貴族的生活情形，城堡並設有英文導覽及書籍。此外，城堡的馬廄被改建成餐廳，讓遊客在參觀之餘，更能在歷史場景中享受一頓豐盛的饗宴，為美麗的城堡之旅畫下句點。

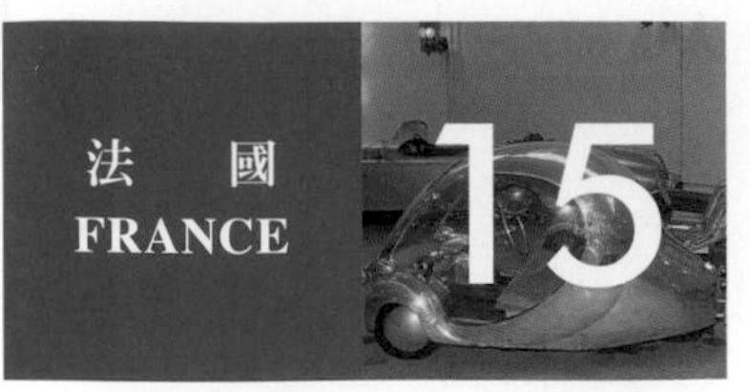

法　國
FRANCE
15

>擁有世界最大的汽車博物館

米盧斯
Mulhouse

MAP P.34

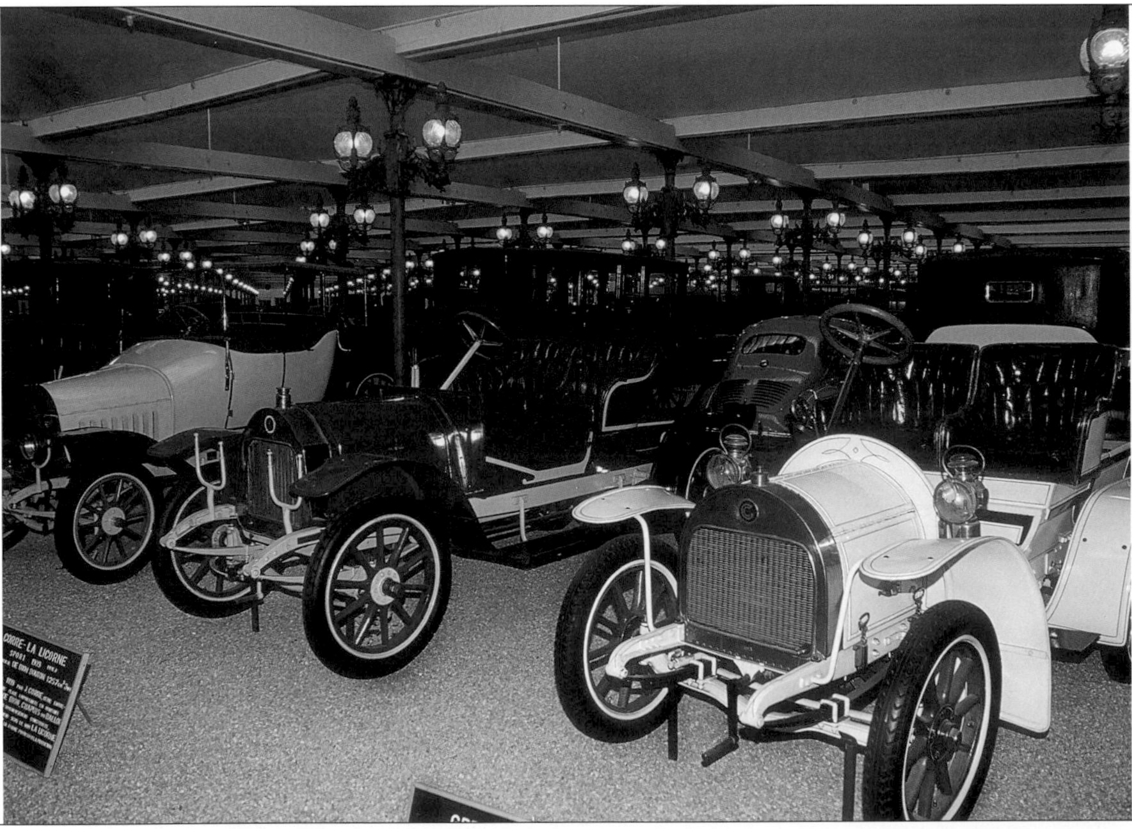

上萊茵省(Haut-Rhin)是法國最富裕的省份之一，米盧斯這個小鎮則是上萊茵省的經濟中心，失業率低、工商業活動興盛，儘管如此，米盧斯卻並非枯燥乏味的工業小鎮。

遊客可在米盧斯發掘她富饒的過去，像是當地發跡的產業，便一一被打造成充滿文化氣息的博物館，例如：染布博物館、鐵路博物館，以及最不能錯過的世界最大汽車博物館。此外，這裡每年都會舉行爵士樂節、聖誕節市集等熱鬧精彩的活動，米盧斯，絕對是一座充滿活力與文化氣息的工業之城。

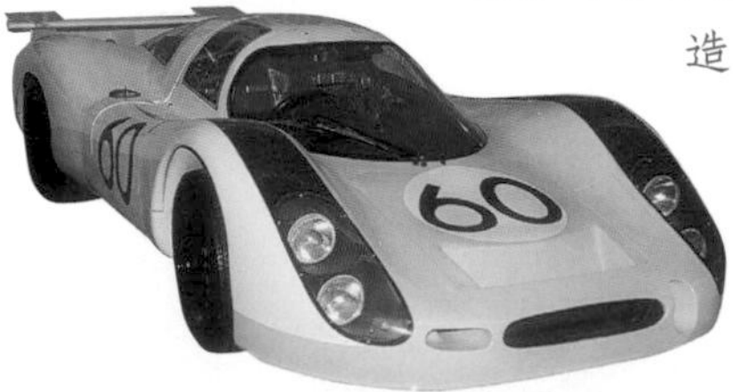

地理位置：

- 阿爾薩斯Alsace一帶
- 距離科爾馬Colmar南方約43公里
- 距離貝爾福Belfort東北方約42公里

旅遊資訊中心：

9, avenue Foch, 68100 Mulhouse
03.89.35.48.48
www.tourisme-mulhouse.com/
info@tourisme-mulhouse.com

米盧斯博物館：

www.ot.ville-mulhouse.fr

愛車人一生 必來朝聖之地

工業之城，揮灑知性氣息

米盧斯建城於一片沼澤地上，18世紀讓米盧斯崛起的，以當地年輕人所創立的染布工業最具代表性。儘管染布技術早已日新月異，但鎮上的染布博物館仍保存了18世紀以來，上萬件的古董染布布料，這些掛在牆上的染布宛如一幅幅美麗的畫作，不但見證了米盧斯輝煌的歷史，也成為許多當代服裝設計師從傳統中尋找創新靈感的寶庫。

另外，世界最大的汽車博物館更是米盧斯的招牌。從19世紀人類發明汽車以降，博物館裡展示了法國各汽車廠牌在各年代出品的汽車，從古董車到前衛的概念車，總計超過500輛，讓人看得眼花瞭亂，更是愛車人一生必來朝聖的地方。

米盧斯也是歐洲鐵路最早發展的城市之一，鎮上的鐵路博物館是這裡的另一個賣點，只見古董車廂一列排開煞是壯觀，豪華列車的內部陳設讓人想見昔日上流富賈乘坐其中，四處遨遊的勝景；大大小小的車廂展示在斑駁的鐵軌上，讓鐵道迷們沉浸在這個天地中，沉醉得無可自拔。

法　國
FRANCE
16

MAP P.34

>法國葡萄酒鄉路上，最美的小鎮

凱塞斯堡

Kaysersberg

凱塞斯堡位於韋斯(Weiss)河谷的入口，是阿爾薩斯一帶重要的戰略位置，阿爾薩斯的藝術家韓希(Hansi)曾經稱讚凱塞斯堡，說她是「葡萄酒之路中，最美的小鎮」。城外則有著大片壯觀的葡萄園，用來釀造瓊漿玉液般的葡萄美酒。

地理位置：

- 阿爾薩斯Alsace一帶
- 距離科爾馬Colmar西北方約11公里
- 距離賽勒斯塔特Sélestat西南方約26公里

旅遊資訊中心：

39 rue du Gal de Gaulle, 68240 Kaysersberg
3265 dites Kaysersberg / 03.89.78.22.78
www.kaysersberg.com/
info@kaysersberg.com

甜白酒，濃烈中帶著香甜

凱塞斯堡不僅在過去是軍事重地，她也以葡萄酒聞名，這裡有阿爾薩斯一帶著名的酒莊，並特別以酒精濃度高的托克依(Tokay)甜白酒為招牌，這種甜白酒交揉著濃烈中帶有香甜的滋味，是佐餐的好酒。

低度開發，保存肅殺軍事形象

「凱塞斯堡」的原意也就是「凱撒之山」的意思，從羅馬時期開始，凱塞斯堡便是個重要的軍事據點。小鎮以堡壘為中心而發展，防禦性堡壘隨著時光的飛逝，早已不再嚴峻肅殺，但仍默默地佇立山頭，俯瞰著城鎮，讓抬頭一望的人們，記得這裡曾擁有過的光輝歲月。小鎮內的防禦城牆與高塔，亦有著輝煌的過去，但也因光陰荏苒而沒落，幸好此鎮因著低度開發，而能保有中世紀的景觀與古蹟。

>專門生產、交易勃艮地美酒

博恩

Beaune

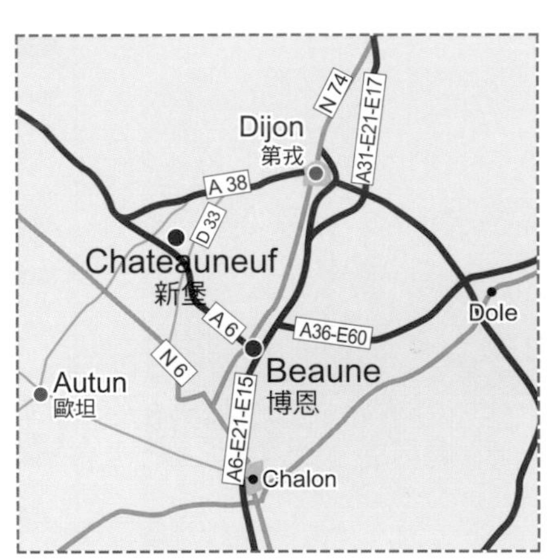

地理位置：

- 第戎Dijon附近
- 距離第戎南方約45公里
- 距離歐坦Autun東北方約49公里

旅遊資訊中心：

✉ Rue de l'Hotel-Dieu a Beaune, 21203 Beaune Cedex

☎ 03.80.26.21.30 / 3265 dites Beaune

http www.ot-beaune.fr

@ contacts@ot-beaune.fr

博恩，位於第戎(Dijon)南邊，與布澤斯河(Bouzaise River)相鄰，羅馬統治時期，為繁榮的農畜與葡萄產地，現在則是法國勃艮地一帶的釀酒重地。博恩小鎮附近的山坡地上，大片葡萄園裡多汁的葡萄在陽光下結實纍纍，空氣中也彷彿飄散著淡淡的葡萄香。

13世紀時的博恩，是勃艮地的重鎮；1227年，第一個勃艮地議會在此展開；1478年，此鎮轉入法國手中；17世紀一度衰落，18世紀隨著葡萄酒貿易才逐漸復甦起來。

博恩這個城鎮呈圓形，仍保有中世紀的城牆與塔樓，很值得遊逛。

每年11月舉行葡萄酒拍賣會，全球盛事

每年11月的第三個星期天，博恩會在博恩濟貧醫院(Hospices de Beaune)舉行葡萄酒拍賣會，使小鎮充滿了緊張又熱鬧的氣氛。此一年一度的拍賣會，堪稱是全球葡萄酒業界的一大盛會，各家酒商紛紛祭出自家得意的好酒，吸引了全世界的無數買主與品酒客前來。

醫院不務正業，拍賣起葡萄酒來？

至於此年度葡萄酒拍賣會，為什麼會在醫院舉行呢？為什麼醫院竟不務正業、賣起酒來呢？這得把時光倒流至1443年，有位慈善家在博恩設置了一家醫院以救濟貧苦民眾，此舉也吸引了許多善心人士捐贈葡萄園給濟貧醫院。也許是好心有好報，這些土地所生產的葡萄酒香醇馳名，也成了醫院的主要經費來源。從1859年開始，醫院每年固定舉行拍賣會，時光推展迄今，小鎮年年出產的葡萄酒品質及拍賣結果，仍受到全世界葡萄酒愛好者的關心與矚目。

勃艮地一帶的釀酒重地

多汁的葡萄在陽光下結實纍纍

>勃艮地的軍事防禦要塞

新堡

Chateauneuf

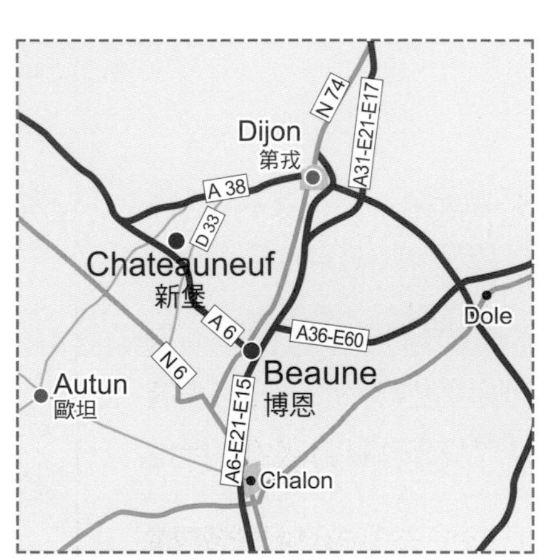

地理位置：

- 第戎Dijon附近
- 距離第戎南方約42公里
- 距離博恩Beaune西北方約35公里

旅遊資訊中心(第戎)：

- 34, rue des Forges-BP 82296, 21022 Dijon Cedex
- 08.92.70.05.58
- www.dijon-tourism.com/
- info@dijon-tourism.com

從博恩往東北方向前進約37公里處，就可來到新堡(Chateauneuf)。新堡，以控制第戎(Dijon)與奧頓(Autun)之間的要道聞名，因此其間所修建的防禦性城堡更是重要，也是此小鎮最值得一遊的景點，城堡被一大片城牆包圍，只見巨大的塔樓高聳入雲，橫臥的吊橋則引人走入一片幽靜的花園。

小鎮裡，古老的房舍靜落於狹小、迷人的街道兩旁。小鎮的南邊視野開闊，可說是一覽勃艮地運河(Canal de Bourgogne)景色的絕佳地點。

蝸牛，昔日的農害、今日的美食

美食，是法國文化中不可或缺的重要角色。提到法國料理，除了松露、鵝肝醬之外，蝸牛，也稱得上是法國料理的特色食材之一。法國的第戎地區，便是法國人將蝸牛入菜的起源地。

傳說以往盛產葡萄的第戎一帶地區，農民常常為了田中的大害——蝸牛所苦，為了袪除這個眼中釘，法國農民乾脆將蝸牛抓來烤了吃，當作餐桌上的加菜料，沒想到蝸牛的味道還不錯，經過日積月累的改良，法國的蝸牛料理成了舉世皆知的名菜，也讓蝸牛從昔日農民眼中的禍害，翻身成了盤中當紅的佳餚。

新堡，
盡覽勃艮地
景色之最佳處

蝸牛，
法國特色料理
世界名菜

特產美食

特色建築

特殊景觀

手工藝品

著名景點

小鎮傳說

名人足跡

當地節慶

>現代化的電線桿，一根也沒有

佩魯吉

Pérouges

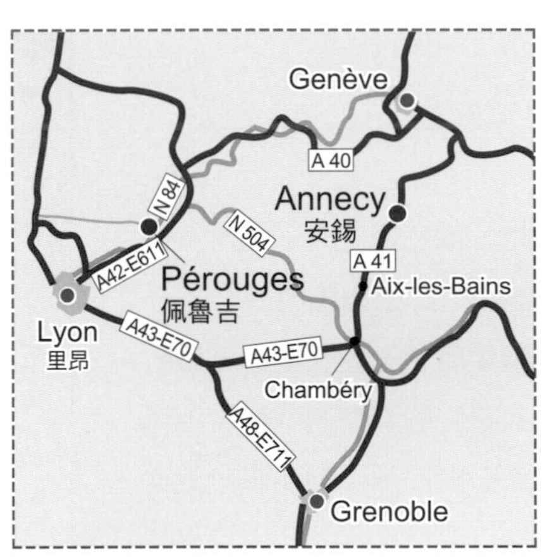

地理位置：

- 里昂Lyon附近
- 距離里昂東北方約37公里

旅遊資訊中心：

Entree de la Cite, 01800 Pérouges
04.74.46.70.84
www.perouges.org
info@perouges.org

從里昂搭車，車程約1小時，即可來到這個叫做佩魯吉的小鎮。走進城牆，讓人彷彿跌進時光隧道，回到中世紀的法國村落。

佩魯吉位於里昂的東北方，是法國保存最好的其中一座中世紀古鎮，這個規模小而美的村落，雖然繞一圈只需約莫半個小時，但順著昔日最熱鬧的王子街(rue du Prince)走，充滿中世紀氣氛的街弄能讓人興起流連忘返之感。

工藝博物館，發現古蹟與歷史

小鎮裡有座工藝博物館(Musée du Vieux-Pérouges)，博物館本身就是一棟14世紀的古蹟級建築，裡頭展示著佩魯吉一帶的工藝品。博物館旁還有一株「自由之樹」(Arbre de la Liberté)，是1792年，為了紀念法國大革命所植。

工藝博物館參觀注意事項：

- 自每年復活節～11月1日，10:00～12:00，14:00～18:00
- 5.2歐元(包括參觀博物館、小鎮知名古宅Maison des Princes de Savoie、瞭望台La Tour de Guet)

佩魯吉建城兩千多年，古樸味十足

建城於古羅馬時期的佩魯吉，有2千多年的歷史，石砌巷道及中世紀建築，在歷史洪流中從繁華歸於平淡，漸漸被世人所遺忘，到了20世紀初，小鎮的人口僅剩不到一百人，但卻也因此逃過了開發的命運，得以保留住她珍貴的歷史遺產。

在當地居民及政府用心維護之下，此小鎮保留了珍貴的古貌，連一根現代化的電線桿都見不著蹤影，但也不刻意以過分的復古情懷來矯飾，而是讓小鎮自然而然散發她古樸的原味，每位到訪的旅客，莫不深深著迷。時光彷彿在佩魯吉凝結，這裡原始的中世紀景致，也曾受到多位法國電影導演青睞，以此作為電影中的歷史場景。例如：第21屆奧斯卡最佳外語片《文森特先生》(Monsieur Vincent)、1973年由理查雷斯特(Richard Lester)主演的《三劍客》等等。

法　國
FRANCE
20

>擁有法國人公認最美的安錫湖

安錫

Annecy

運河貫穿古城，天鵝優雅地在河面遊走，河邊的青草畔開滿了鮮豔的花朵，阿爾卑斯山腳下一池汪汪的安錫湖，在陽光照射下泛著藍色的波光……這裡正是有山有水的安錫城，豐富的美景及閑靜的氣氛，打造了一幅宛若人間天堂的景象。

法國人公認最美的湖泊——安錫湖

臨著阿爾卑斯山、鄰近瑞士的安錫小鎮，也感染了幾許瑞士的氣息。法國人心目中最美的湖泊——安錫湖，就在咫尺之隔，運河貫穿充滿中世紀風格的市區，白色的天鵝悠遊河面上，湖的兩旁充滿歐洲風情、像童話世界中的房舍建築，無不吸引著人們領略她的悠閒。

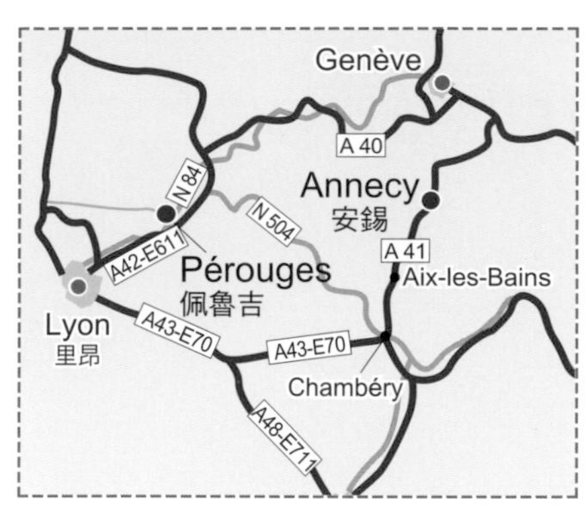

地理位置：

- 里昂Lyon附近
- 距離里昂東北方約140公里
- 距離Aix-en-Bains北方約34公里
- 距離日內瓦Genève南方約45公里

旅遊資訊中心：

Bonlieu, 1 rue Jean Jaures, 74000 Annecy
04.50.45.00.33
www.lac-annecy.com
info@annecytourisme.com

享受湖光山色，盡享閒情

來到此鎮，若天氣好，會有許多人呼朋引伴坐在草地上曬太陽、野餐，只見成雙入對的情侶坐在運河畔啜飲咖啡，或是在波平如鏡的安錫湖上划船，將一切的憂慮都拋在腦後。安錫鎮清新的山光水色，吸引了許多旅客到此度假，享受浮生半刻的美景與閒情。

阿爾卑斯山腳下的安錫湖
也感染了
幾許瑞士閑靜的氣息⋯

蔚藍海岸Côte d'Azur 一帶

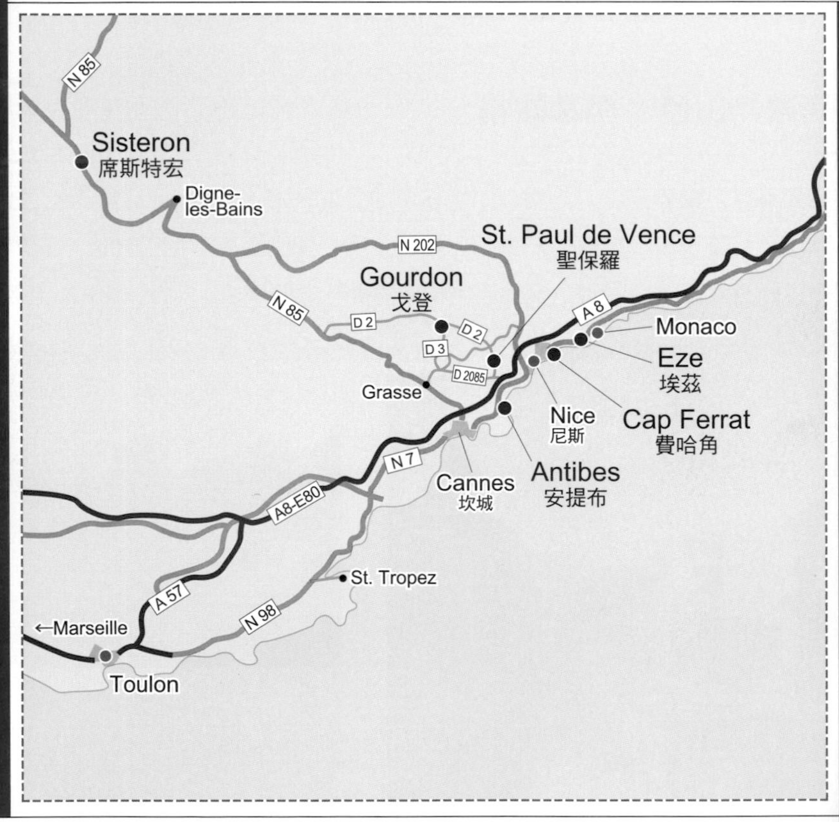

法　國
FRANCE
21

MAP P.58

> 與尼采同遊孤絕山城

埃茲

Eze

特產美食

特色建築

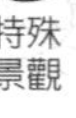
特殊景觀

手工藝品

著名景點

小鎮傳說

名人足跡

當地節慶

埃茲，位於尼斯前往摩洛哥的路上，是一座海拔427公尺高的山城，這裡的屋舍建造沿著陡峭的岩壁環環而上，很像鷲築巢的方式，因而被稱為「鷲巢村」。埃茲擁有悠遠的歷史、大片的山林，以及居高臨下的蔚藍海岸美景，這使她成了蔚藍海岸最受歡迎的度假勝地之一。

地理位置：

- 蔚藍海岸Côte d'Azur一帶
- 距離尼斯Nice東北方約12公里
- 距離摩納哥Monaco西南方約8公里

旅遊資訊中心：

Place du General De Gaulle, Annexe Bord de Mer Avenue de la Liberte, 06360 Eze

04.93.41.26.00

www.eze-riviera.com

office-tourisme-deze@wanadoo.fr

孤絕的山城，保留完整中世紀面貌

從尼斯出發，順著一條緊臨峭壁的公路往埃茲的方向走，穿過一條建構在80公尺深山谷的高架橋，埃茲就像一座世外桃源，只見遠方點點房舍，屹立在不遠的山頭上。

從山腳下的停車場徒步拾階而上，不時會與背馱著旅客行李的驢子擦身而過，走進埃茲，這座迷人的山城展現出她獨特的景致……，狹小蜿蜒的巷道宛如迷宮般引人走入中世紀的世界；饒富歷史風味的古屋被改建成餐廳、紀念品店、藝術家的工作室，一家逛過一家好不過癮；山頂上還有座12世紀的古堡遺跡，另一旁的熱帶植物園則種植著奇花異草，此處是遠眺蔚藍海岸美景的絕佳地點。

遠眺蔚藍海岸美景的絕佳地點

鷲巢村

狂人哲學家尼采，也愛上這裡

大哲學家尼采(Friedrich Nietzsche)也特別鍾愛這座山城，據說他流傳千古的大作《查拉圖斯特拉如是說》就是在此地構思而成。1844年生於普魯士的尼采，在西方哲學史上，是一個勇於挑戰傳統哲學思想的創新者。他在豐富的著作中，強力批判西方傳統的基督教文化，提出「上帝已死」、「重估一切價值」的主張，他認為人不應該被定型，應當具有「超人」的精神，主宰自我，不斷地超越自己，去發掘本身內在「真實的自我」。尼采在當時提出如此驚世駭俗的理論，因而被封上「狂人」的稱號。

MAP P.58

>商賈名流的奢華度假勝地

費哈角

Cap Ferrat

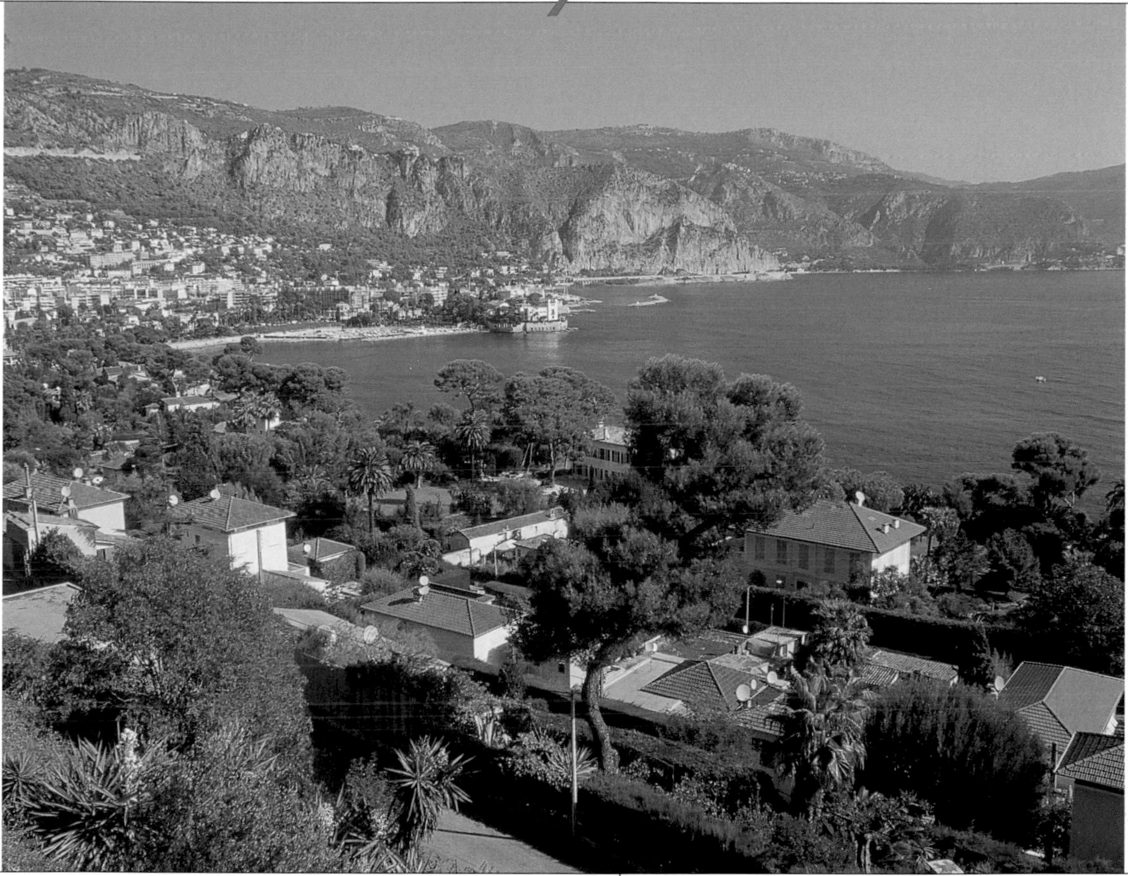

法國蔚藍海岸的美景舉世聞名，費哈角位於蔚藍海岸一帶，尼斯與摩洛哥之間地中海的岬角。背對著阿爾卑斯山，約41公里長沿峭壁開鑿蜿蜒的道路，阿爾卑斯山與地中海景致交融出戲劇性變幻的景色，這些元素都使費哈角譜出蔚藍海岸風景中，最美的一篇樂章。

地理位置：

- 蔚藍海岸Côte d'Azur一帶
- 尼斯東北方附近

旅遊資訊中心(蔚藍海岸一帶)：

Les Docks-10, place de la Joliette, Atrium 10.5-BP 46214, 13567 Mareille Cedex 2

04.91.56.47.00

www.crt-paca.fr/

information@crt-paca.fr

豪華別墅、遊艇、五星飯店，打造奢華假期

鋸齒狀的海岸線曲折多變，隨著崎嶇的沿海公路繞行，一旁的蔚藍地中海在陽光下泛著粼光，快到公路的盡頭，一片柳暗花明，就會見到費哈角港邊豪華遊艇的船桅林立，優雅的別墅交錯於翠綠的山坡間。

費哈角獨特的蔚藍海岸景色，吸引了全世界的政要商賈在此興建奢華的別墅，或是在此地五星級高級飯店度過愜意假期，而且許多國際性藝文活動也時常在此舉行。

充滿悠閒風、又帶點貴氣的費哈角，或許一般遊客並無法在這個人間天堂打造屬於自己的莊園，或花大錢享受貴族般的休閒生活，但費哈角如畫的美景，可是上天賜給旅人們不費吹灰之力就能唾手可得的最無價珍寶。

鋸齒狀的海岸線
蜿蜒的道路

譜出費哈角
特殊的景觀

法 國
FRANCE
23

MAP P.58

>起造鷲巢村，防敵入侵

聖保羅

St. Paul de Vence

聖保羅位於陽光普照的南法，於16世紀建城於一片岩壁之上，離義大利僅一境之隔，扮演著保衛國土的堡壘角色。

在聖保羅莊嚴的外表和軍事功能下，卻也有著浪漫的因子，她獨特的山城氣質，吸引許多文人雅士、藝術家進駐，這些富有情思才情的人，以其浪漫的詩篇文章和藝術品，將這個古樸小鎮妝點得浪漫處處。

地理位置：

- 蔚藍海岸Côte d'Azur一帶
- 距離尼斯Nice西方約21公里
- 距離格拉斯Grasse東北方約22公里

旅遊資訊中心：

Les Docks-10, place de la Joliette, Atrium 10.5-BP 46214, 13567 Mareille Cedex 2

04.91.56.47.00

www.crt-paca.fr/

information@crt-paca.fr

特產美食

特色建築

特殊景觀

手工藝品

著名景點

小鎮傳說

名人足跡

當地節慶

特色鷲巢村，有著軍事功能

盤旋而上的山路，引領著旅客一步步登上位在群山之間的小鎮——聖保羅。登高望遠，在此可遠眺湛藍的地中海，視野之清明，讓人的心胸為之豁然開朗。聖保羅是典型的「鷲巢村」，最初是為了防止撒拉遜人入侵而建造的堡壘。小鎮裡的步道以鵝卵石鋪成，兩旁延伸著古樸的屋舍，如迷宮般曲折的小徑就像時光隧道般，引領旅人緩步走入16世紀的中古時期。

藝術家雲集，小鎮吹拂藝文風

許多現代藝術家喜歡到聖保羅尋求靈感與創作，他們將自己獨具一格的作品放在店頭，將現代畫作與傳統小鎮做了巧妙的融合。據說法國女哲學家西蒙波娃和她的哲學家情人沙特，以及充滿夢幻奇想的名畫家夏卡爾、畫風狂野鮮豔的馬蒂斯等知名藝術家，都喜歡到聖保羅度假，或許這就是聖保羅為何能自然流露出一股浪漫藝文氣息的原因。

自然流露浪漫藝文氣息

到聖保羅尋求靈感

超現實主義畫家夏卡爾，在此度晚年

夏卡爾(Marc Chagall)出生於俄國一個猶太家庭，他的家境很貧困，但少年時的家鄉景象卻深深烙印在他的心中，成為他日後創作的泉源。夏卡爾的畫作充滿詩意般的奇幻色彩，畫面上充滿了赤子之心的想像，對現代繪畫帶來深遠的影響。1985年，夏卡爾在聖保羅這個小鎮去世，享年98歲。

法 國
FRANCE
24

MAP P.58

>俯瞰地中海的峭壁古城

戈登
Gourdon

戈登這座位於海拔760公尺高的小村莊，村莊北面依山作屏障，陡峭絕壁裸露灰色的岩石，高大斑駁的石牆圍繞著古屋聚落，小鎮頂端的城堡，孤傲俯瞰蔚藍地中海。戈登的美景，也獲驚悚電影大師希區考克(Hitchcock)的青睞，他在1955年導演的《捉賊記》(To Catch a Thief)便曾在此取景。

地理位置：

- 蔚藍海岸Côte d'Azur一帶
- 距離坎城Cannes北方約27公里
- 距離格拉斯Grasse東北方約14公里

旅遊資訊中心：

Place Victoria, 06620 Gourdon
04.93.09.68.25
www.Gourdon-France.com
sygourdon@wanadoo.fr

登城堡，盡覽溪澗、絕壁、地中海美景

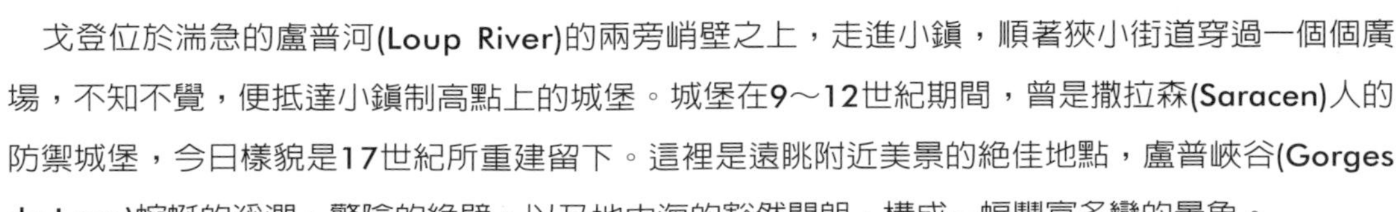

戈登位於湍急的盧普河(Loup River)的兩旁峭壁之上，走進小鎮，順著狹小街道穿過一個個廣場，不知不覺，便抵達小鎮制高點上的城堡。城堡在9～12世紀期間，曾是撒拉森(Saracen)人的防禦城堡，今日樣貌是17世紀所重建留下。這裡是遠眺附近美景的絕佳地點，盧普峽谷(Gorges du Loup)蜿蜒的溪澗、驚險的絕壁、以及地中海的豁然開朗，構成一幅豐富多變的景象。

小鎮民居間，蜿蜒巷道藏著一間間精緻小店，大多販賣當地特製的香水、手工玻璃、香皂、乾燥花，以及用舊瓦搭配乾燥花編織的掛飾品，令人愛不釋手，買到手軟。

MAP P.58

>法國的另一個尼斯，少人氣多靜謐

安提布

Antibes

安提布，位於蔚藍海岸一帶加魯普(Garoupe)半島的東側，隔著昂熱灣(Baie des Anges)與尼斯相對，相較於尼斯的名氣與繁華，樸素的安提布倒成了法國南部居民鍾愛居住的城市，因為她和尼斯同樣擁有南法蔚藍海岸的陽光、沙灘，但卻多了一份寧靜。

西班牙一代畫壇的大師畢卡索曾在安提布住了2年，在這裡，他自由地揮灑靈感，因而創作出不少流傳千古的傑作。

地理位置：

- 蔚藍海岸Côte d'Azur一帶
- 距離尼斯Nice西南方約23公里
- 距離坎城Cannes東北方約10公里

旅遊資訊中心：

11, Place du General de Gaulle - BP 37, 06601 Antibes Cedex

04.92.90.53.00

www.antibesjuanlespins.com

accueil@antibes-juanlespins.com

法　國
FRANCE

25

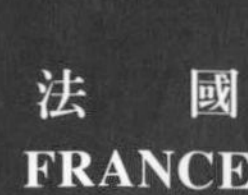

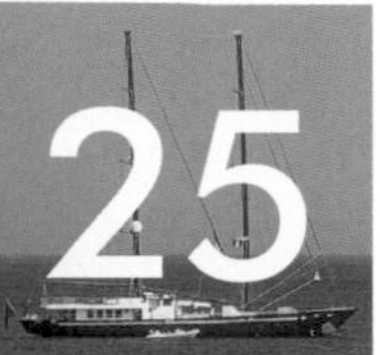

MAP P.58

>法國的另一個尼斯，少人氣多靜謐

安提布

Antibes

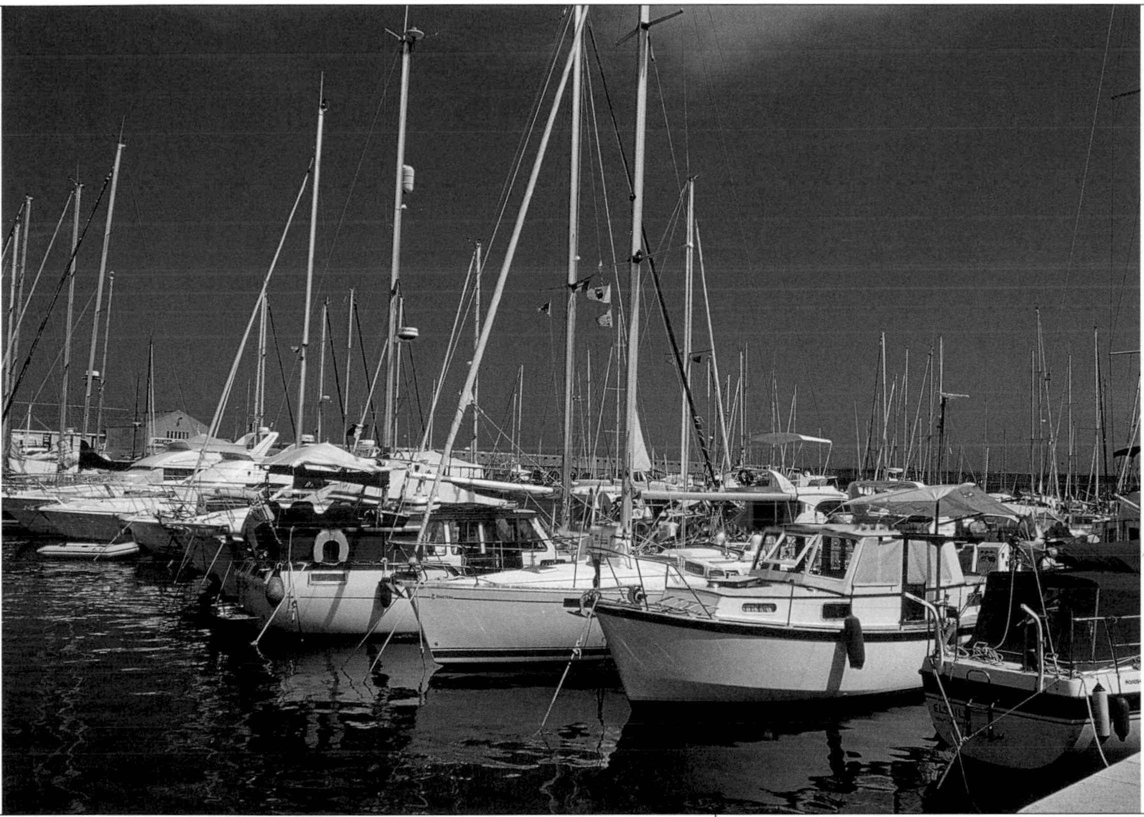

安提布，位於蔚藍海岸一帶加魯普(Garoupe)半島的東側，隔著昂熱灣(Baie des Anges)與尼斯相對，相較於尼斯的名氣與繁華，樸素的安提布倒成了法國南部居民鍾愛居住的城市，因為她和尼斯同樣擁有南法蔚藍海岸的陽光、沙灘，但卻多了一份寧靜。

西班牙一代畫壇的大師畢卡索曾在安提布住了2年，在這裡，他自由地揮灑靈感，因而創作出不少流傳千古的傑作。

地理位置：

- 蔚藍海岸Côte d'Azur一帶
- 距離尼斯Nice西南方約23公里
- 距離坎城Cannes東北方約10公里

旅遊資訊中心：

✉ 11, Place du General de Gaulle - BP 37, 06601 Antibes Cedex

☎ 04.92.90.53.00

http www.antibesjuanlespins.com

@ accueil@antibes-juanlespins.com

MAP P.58

>俯瞰地中海的峭壁古城

戈登

Gourdon

戈登這座位於海拔760公尺高的小村莊，村莊北面依山作屏障，陡峭絕壁裸露灰色的岩石，高大斑駁的石牆圍繞著古屋聚落，小鎮頂端的城堡，孤傲俯瞰蔚藍地中海。戈登的美景，也獲驚悚電影大師希區考克(Hitchcock)的青睞，他在1955年導演的《捉賊記》(To Catch a Thief)便曾在此取景。

地理位置：

- 蔚藍海岸Côte d'Azur一帶
- 距離坎城Cannes北方約27公里
- 距離格拉斯Grasse東北方約14公里

旅遊資訊中心：

Place Victoria, 06620 Gourdon
04.93.09.68.25
http www.Gourdon-France.com
@ sygourdon@wanadoo.fr

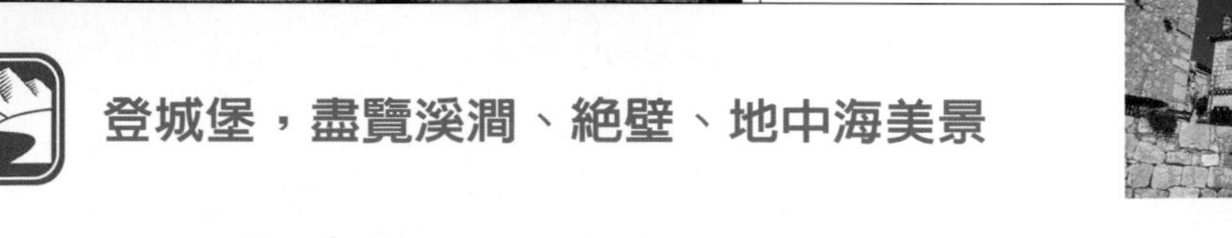

登城堡，盡覽溪澗、絕壁、地中海美景

戈登位於湍急的盧普河(Loup River)的兩旁峭壁之上，走進小鎮，順著狹小街道穿過一個個廣場，不知不覺，便抵達小鎮制高點上的城堡。城堡在9～12世紀期間，曾是撒拉森(Saracen)人的防禦城堡，今日樣貌是17世紀所重建留下。這裡是遠眺附近美景的絕佳地點，盧普峽谷(Gorges du Loup)蜿蜒的溪澗、驚險的絕壁、以及地中海的豁然開朗，構成一幅豐富多變的景象。

小鎮民居間，蜿蜒巷道藏著一間間精緻小店，大多販賣當地特製的香水、手工玻璃、香皂、乾燥花，以及用舊瓦搭配乾燥花編織的掛飾品，令人愛不釋手，買到手軟。

美哉小鎮，讓畢卡索靈感不絕

風景優美、素樸恬靜的安提布，吸引了西班牙畫家畢卡索在此定居2年，那2年間，他不只創作一向專長的繪畫、素描，也作了不少雕塑作品。如今，原本屬軍事防禦功能的格里馬爾迪城堡，成了藝術型的博物館，裡頭展示許多畢卡索的大作。

格里馬爾迪家族，引領小鎮發光發亮

因為地處優越的戰略位置，這使安提布於4世紀由希臘商人在此建立商港而發跡，之後成為羅馬城鎮；14～17世紀初期，則成了統治沿海地區的格里馬爾迪家族(Grimaldi Family)的領地，這是因為他們為了防止格里北非一帶的巴巴利(Barbary)海盜入侵，所以才在原本的羅馬營地上，修建格里馬爾迪城堡(Château Grimaldi)。

來自義大利熱那亞世家的格里馬爾迪家族，12世紀的先祖格里馬爾多(Grimaldo)曾數次任執政官，1297年在摩納哥奪得政權。14～16世紀，此家族出現過許多海軍將領和駐外使節。法國大革命時期，摩納哥併入法國，1814年簽訂「巴黎條約」後，這一家族重新獲得摩納哥公國。著名的大公阿爾貝特一世(1848～1922)是一位海洋學家，曾在摩納哥創建海洋學博物館。

格里馬爾迪城堡博物館參觀注意事項：

🕒 10:00～18:00、冬季10:00～14:00

$ 4.5歐元

法 國
FRANCE

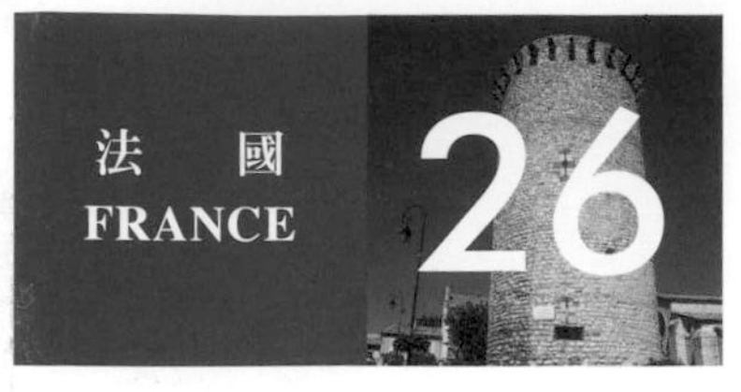

MAP P.58

>軍事重地與藥草羔羊

席斯特宏

Sisteron

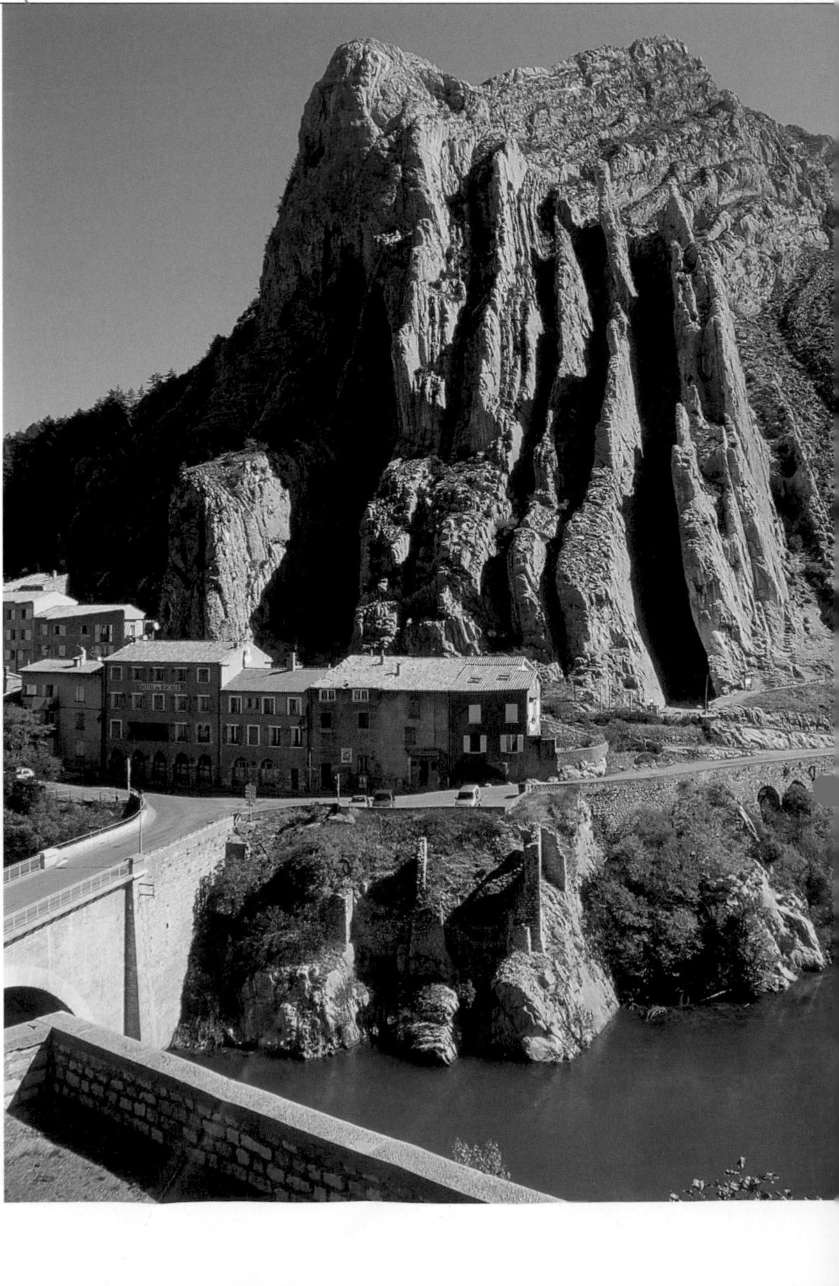

阿爾卑斯山下，一望無際如茵的草地像翠綠的絨毯覆蓋著大地，席斯特宏這個小鎮就位在此地。這是個擁有悠久歷史的古鎮，有著光榮過去的她，沐浴在地中海的陽光下，而村民們也與世無爭地擁抱大片田園春光，過著寧靜的山居歲月。

席斯特宏，就像顆深藏不露的寶石，凡是初到訪的遊客無不驚豔於她所散發的獨特氣質，加上當地著名的美味南法料理——鮮嫩特有的羔羊肉排，更使訪客打從心裡發出一個個驚嘆號，也因此使席斯特宏擁有「普羅旺斯的珍珠」美名。

地理位置：

- 蔚藍海岸Côte d'Azur一帶
- 距離迪涅萊班Digne-les-Bains西北方約30公里

旅遊資訊中心：

✉ Place de la Republique - B.P. 42, 04202 Sisteron
☎ 04.92.61.36.50 / 04.92.61.12.03
http www.sistcron.fr
@ otsi@sisteron.fr

此地羔羊，都吃藥草長大

更值得一提的，是席斯特宏出產的羔羊肉質鮮美，因為這裡的羊都是餵食藥草長大的，肉質因而帶著特殊的香味，再搭配普羅旺斯特有的烹調方式，而成老饕口耳相傳、爭相前來品嘗的美食。

肉質鮮美有藥草味的羔羊美食

位於山河平原交錯處，戰略位置重要

席斯特宏的歷史可追溯至羅馬時期，她位於迪朗斯(Durance)與包希(Buech)兩河的交會點；此外，她更是普羅旺斯平原與多山的北部之間的門戶，這個重要的戰略位置，讓席斯特宏在許多法國的歷史事件都扮演著重要的角色。遊人只要登上山頂的古軍事堡壘，便能將美麗的河谷一覽無遺，只見柔軟的平原與險峻的山坡地形完美交融，更增這個中古世紀小鎮的自然之美。席斯特宏的主廣場，由4個高塔圍繞；此外，建於12世紀的聖母院則是當地的信仰中心。

法　國
FRANCE

27

＞孤絕難馴的山城

萊博

Les Baux

萊博的法文地名Baux，源自於普羅旺斯一帶「紅土」這個字。萊博小鎮位於海拔218公尺的丘嶺上，放眼望去，一片斷崖絕壁的山谷，散發出一股桀傲不羈的美感，據說但丁(Dante)在《神曲》裡形容地獄的景象，就是從萊博附近的地獄谷取得靈感。

萊博山城，深受軍事洗禮

走在萊博這個充滿著中世紀風情的山城，能馬上感受到她與眾不同的氣質，古樸的房舍、傾圮的廢墟，讓人想見她幾經歷史風霜的洗禮。萊博山城的奠基約從西元1世紀開始，掌控萊博的領主以驍勇善戰聞名，曾將勢力擴展至亞珥一帶，並在萊博的山頂上修建了一座防衛性的城寨，此城寨於路易十三時期毀於戰火。登上城寨遺跡的頂端，望遠地獄谷的淒美景色，讓人不勝唏噓。

Orange
Gordes
哥何德
Avignon
亞維儂
Les Baux
萊博
Nîmes
Roussillon
盧西雍
Montpellier
Arles
阿爾樂
Cavaillon
卡維雍
Aix-En-Provence
Aigues Mortes
艾格莫特
A8-E80
Toulon→
Marseille
馬賽
N 106
A9-E15
N 113
D 5
D17
D 58
A 8
D 4
D 2
N 100
N 7

地理位置：

- 普羅旺斯Provence附近
- 距離阿爾樂Arles東北方約18公里
- 距離亞維儂Avignon南方約29公里

旅遊資訊中心：

ilot Post Tenebras Lux - Maison du Roy, 13520 Les-Baux-De-Provence
04.90.54.34.39
www.lesbauxdeprovence.com
tourisme@lesbauxdeprovence.com

把手工肥皂、橄欖油扛回家

如今，人們在萊博安居樂業，小鎮沉重的軍事過往似乎早已泯滅談笑之間。具有特色的手工藝品店展售著普羅旺斯的特產，無論是薰衣草、編織品、手工肥皂等，都讓人愛不釋手，其中，萊博的橄欖油更是當地人引以為傲的招牌特產。

沉重過往盡付笑談

但丁神曲與萊博地獄谷

中世紀詩人但丁，其顛峰代表作《神曲》，堪稱是世界最偉大的文學作品之一。但丁來自義大利佛羅倫斯貴族世家，曾在佛羅倫斯當官，後因政治因素被流放，《神曲》便是他在流放期間歷時10年所創作的作品。神曲全詩主要分成3個部分：〈地獄〉、〈煉獄〉、〈天國〉，依序描寫但丁從黑暗走向上帝所彰顯的天堂榮光。採用中世紀夢幻式的書寫體裁，是一部蘊含宗教色彩、科幻情節及奇幻冒險的長篇敘事詩。

> 在靜謐的山居歲月兀自美麗

哥何德

Gordes

哥何德小鎮的建築大多以當地石灰岩為建材，錯落有致的的房舍在清晨的曙光下，彷彿被灑上一層金粉，陰影交錯，頗有立體畫派的意境，在一片雲淡風清的陪襯下，讓人宛如走進畫中風景。

瓦沙雷利與歐普藝術

哥何德鎮上的古堡，非常特別地收藏了歐普藝術創始人的許多抽象畫作，那麼什麼是歐普藝術呢？歐普藝術亦稱為視覺藝術(Optical Art)，興起於1950年代後期與1960年代之間，因1965年在紐約市現代美術館展出「感應之眼」，而為世矚目。此派藝術主要以繪畫作為表現的媒材，利用一些簡單反覆的圖案如平行線、棋盤格、同心圓等，加以強烈的互補色彩，將抽象畫面的表面張力增強到肉眼，讓人感到畫中的形體彷彿在閃動，刻意激起觀者視覺感官的錯覺與幻覺。

Orange
Gordes
哥何德
Avignon
亞維儂
Les Baux
萊博
Nîmes
Montpellier
Arles
阿爾樂
Cavaillon
卡維雍
Roussillon
盧西雍
Aix-En-Provence
Aigues Mortes
艾格莫特
Marseille
馬賽
Toulon→
N 106
A9-E15
N 113
D 4
N 100
D 2
D 5
D17
N 7
D 58
A 8
A8-E80

地理位置：

- 普羅旺斯Provence附近
- 距離亞維儂Avignon東方約38公里
- 距離卡維雍Cavaillon東北方約17公里

旅遊資訊中心：

Le Cha! teau, 84220 Gordes
04.90.72.02.75
www.gordes-village.com
office.gordes@wanadoo.fr

哥何德，擁有圖畫般的田園風光

南法熱情的夏日，一片無可抵擋的紫色薰衣草，狂野地在哥何德蔓延開來。哥何德所呈現的山城風貌，美得那麼渾然天成，也是所有旅人心中渴望已久的「山居歲月」世外桃源。開車隨著山路盤旋而上，藍天白雲下的哥何德小鎮，優雅地矗立在山頭，散發著一股魅力，讓人以為正走進一幅美麗的圖畫，一時間，忽然能體會為何哥何德曾被法國人選為法國最美麗的村落。

哥何德的美曾經吸引不少知名的藝術家、文學家進駐，登上小鎮山丘頂上的12世紀古堡，這裡收藏了歐普藝術(Op Art)匈牙利籍創始人瓦沙雷利(Victor Vasarely)的抽象畫作；從古堡望去，可將小鎮臨著山壁斷崖的奇美風光盡收眼底。另一個欣賞哥何德小鎮的絕佳地點是北邊的Abbaye de Sénanque修道院，從這裡可以觀看哥何德山城的全貌。哥何德也是普羅旺斯一帶盛產薰衣草的地區，小鎮裡有一座薰衣草博物館，展示了各種有關薰衣草的資料，以及薰衣草的加工過程。

法 國
FRANCE

29

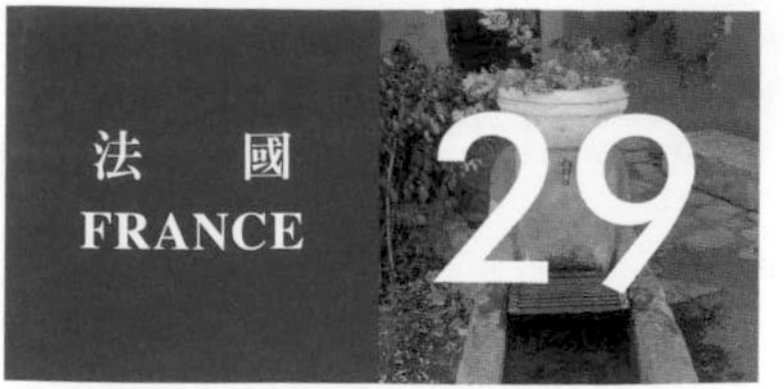

> 火紅熱情的血崖山城

盧西雍

Roussillon

因盛產褐紅色的赭石，而使盧西雍小城呈現一片瑰麗的色彩。從朗格多克到盧西雍這一帶(Languedoc-Roussillon)，地形變化相當戲劇性，象徵加泰隆尼亞(Catalan)的卡尼古山峰(Canigou)，山頂終年覆蓋皚皚白雪，與鄰國西班牙僅此一山之隔。位於地中海盡頭、庇里牛斯山腳下的盧西雍，無論是來此拜訪寧靜山城、攀登高峰，或愜意地在潔淨的海水游泳，肯定會讓人大呼不虛此行！

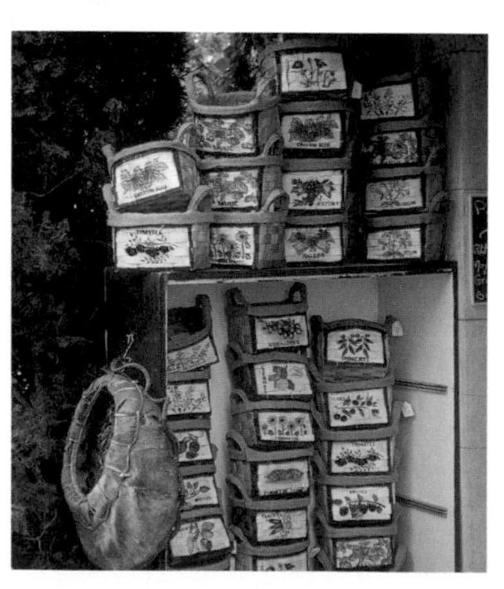

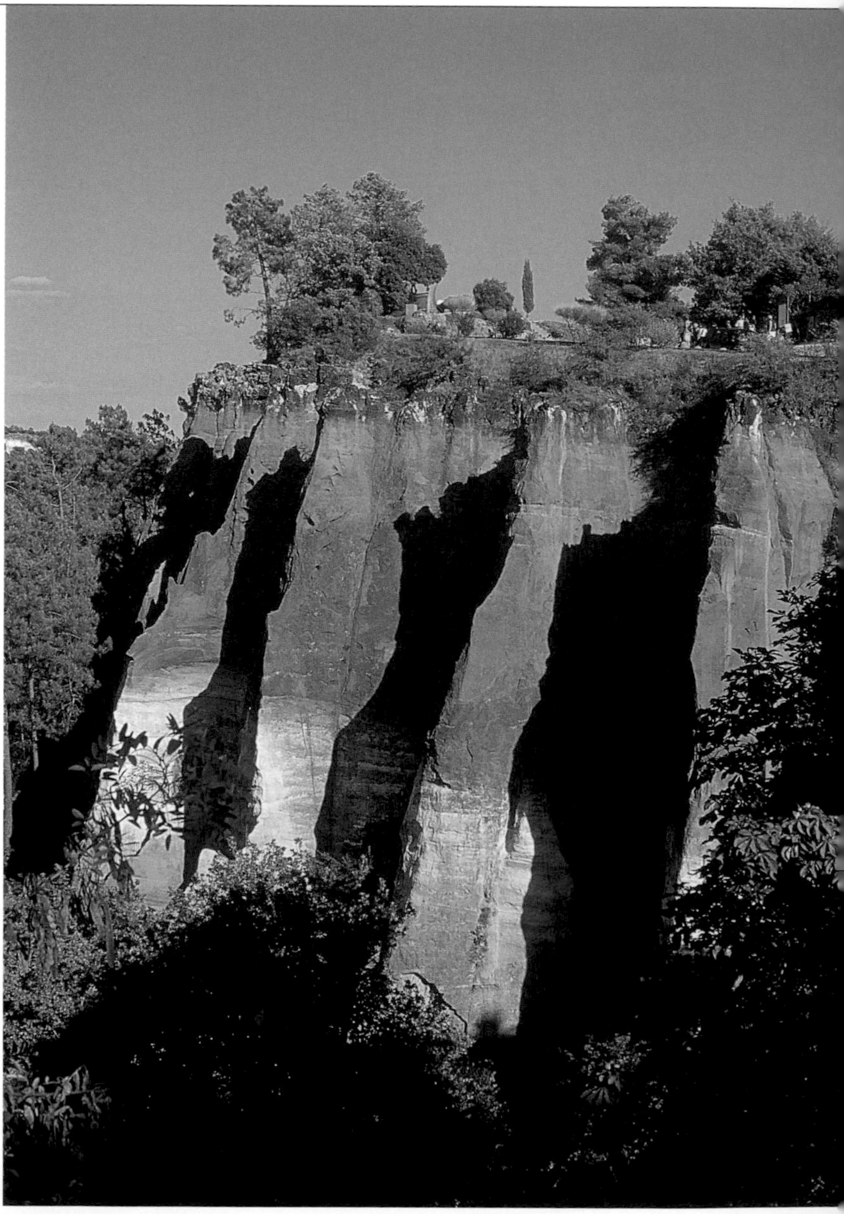

Orange
Gordes 哥何德
Avignon 亞維儂
Les Baux 萊博
Roussillon 盧西雍
Nîmes
Montpellier
Arles 阿爾樂
Cavaillon 卡維雍
Aix-En-Provence
Aigues Mortes 艾格莫特
A8-E80 Toulon→
Marseille 馬賽
N 106 · A9-E15 · D4 · N 100 · D2 · N 113 · D5 · D17 · N7 · D 58 · A8

地理位置：

- 普羅旺斯Provence附近
- 距離亞維儂Avignon東方約51公里
- 距離卡維雍Cavaillon東北方約30公里

旅遊資訊中心：

Place de la poste, 84220 Roussillon
04.90.05.60.25
www.roussillon-provence.com
info@ot-roussillonprovence.fr

紅色民居，展現熱情

盧西雍的法文名字「Roussillon」，是「紅色山丘」的意思，有別於法國南部的典型山城，盧西雍的小鎮風貌以熱情的紅色系，增添她無限神祕的色彩。

原來盧西雍位於法國赭石產量最高的山區，一大片赭石組成的山谷，充斥著眩目的褐紅色，甚至有「血崖」的稱號。當地的房舍也因採用赭石作為建材，而將盧西雍打造成一座鮮豔的紅色之城，尤其在夕陽的照射下，小鎮就像著了火般的烈紅，景象令人難忘。盧西雍近郊有一塊荒廢的赭石採石場，開採後留下的峭壁，現在成了自然公園，置身其中，會讓人不禁讚嘆大自然鬼斧神工的傑作。

法國 FRANCE

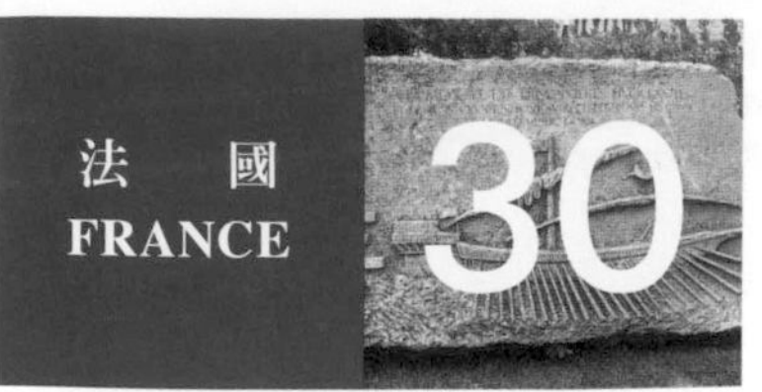

>沼澤溼地上的堡壘

艾格莫特

Aigues Mortes

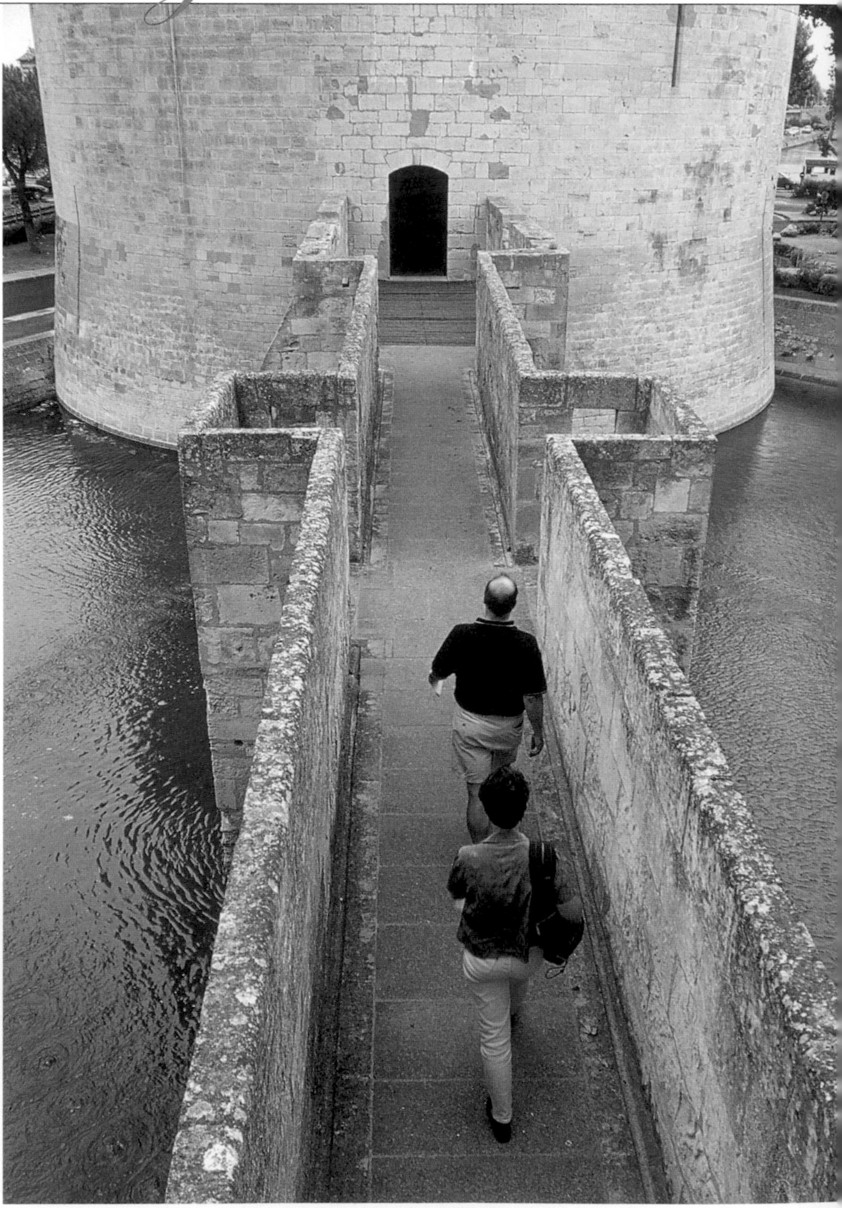

艾格莫特原本是一片鄰近地中海的濕地，吸引許多水鳥及野生動物在此駐足，此地一向是自然學家與賞鳥愛好者觀鳥、研究的勝地。

西元1240年，僅26歲的路易九世抱著雄心壯志，在此杳無人跡的沼澤建了一座軍事堡壘，使他成為第一個擁有地中海港口的法國國王，並使法國第一次掌握與義大利、東方之間的貿易通道。年輕的路易九世並親率第7次十字軍東征，多次的戰爭歷史，讓艾格莫特小鎮有著不平靜的過去，而今，悠悠的歷史以及所有的滄桑，都歸於一片平靜的沼澤之中。

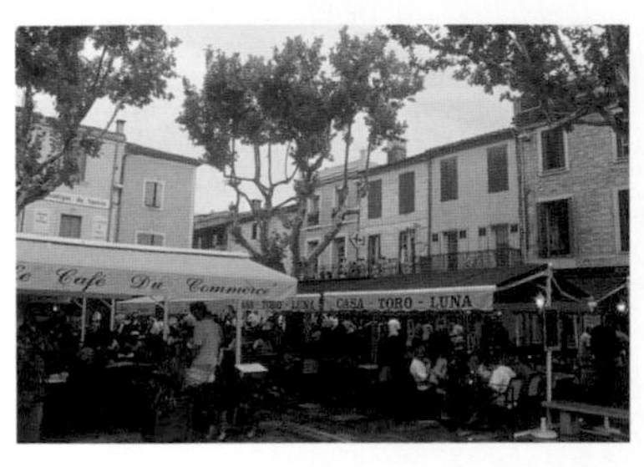

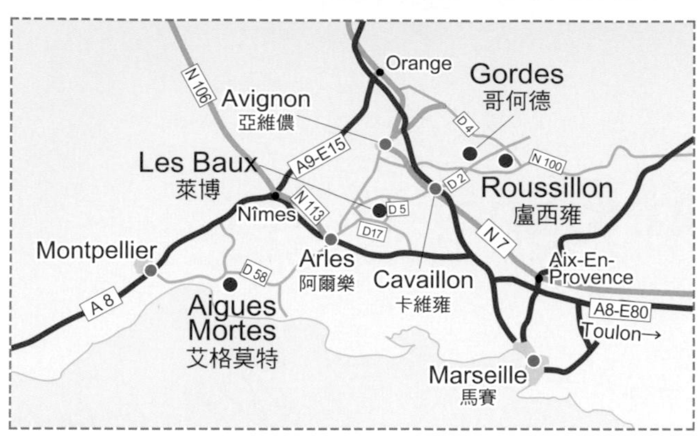

地理位置：

- 普羅旺斯Provence附近
- 距離阿爾樂Arles西南方約49公里
- 距離尼姆Nimes南方約42公里

旅遊資訊中心：

B.P. 32 - Place Saint Louis, 30220 Aigues-Mortes
04.66.53.73.00
www.ot-aiguesmortes.fr
info@ot-aiguesmortes.fr

康斯坦圓形塔樓，扮演燈塔、監獄角色

艾格莫特曾是法國重要的軍事港口，城牆圍繞的小鎮裡，保存著完整的中世紀街道，巨大的防禦性城堡是這個小鎮最顯著的地標，城堡厚重城牆及其圓柱狀的康斯坦塔樓(Tour de Constance)，一律是單一的土磚色彩，也因此散發出濃厚的懷舊情懷。城牆上斑斑的箭痕仍依稀可見，讓人想像此地多次發生的戰役，景況是如何殘酷。

走過護城河上的吊橋，進入巨大的圓形塔樓，此塔樓除了有燈塔照明的功能，也曾是戒備森嚴、用來監禁犯人的監獄。登上螺旋形的石階，登高望著迷人的小鎮風光，一艘艘顏色鮮豔的私人遊艇停放在城牆外的運河，一大群水鳥優雅地站立在溼地中，遠離了不平靜的戰爭歷史，小鎮呈現出一片寧靜的景象。

法國重要軍事港口

自然學家愛好的生態溼地

布列塔尼省Bretagne

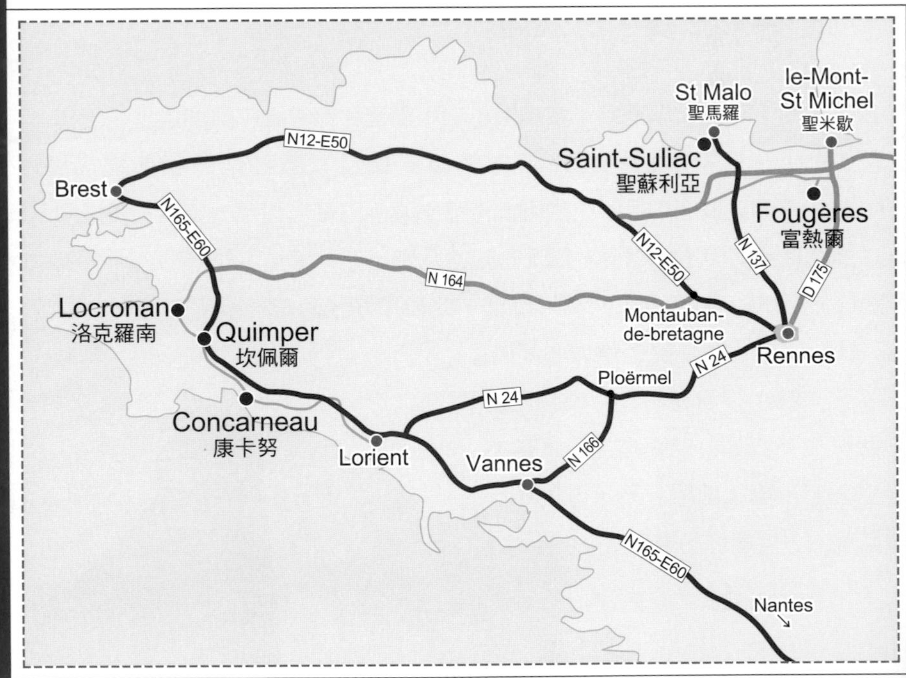

法國 FRANCE 31

MAP P.78

>散發英式風情的小漁港

聖蘇利亞

Saint-Suliac

聖蘇利亞，位於法國西部的朗塞河(Rance)口，濱海的她介於陸地與大海之間，曾是個繁華的漁港，而今洗盡鉛華，蛻變為悠閒、寧靜的小村落。不少從英國來的移民在此落地生根，並與當地文化自然進行交融，小鎮因而充滿英式建築的風貌，這個法國小鎮透露著淡淡的英式風情。

特產美食

特色建築

特殊景觀

手工藝品

著名景點

小鎮傳說

名人足跡

當地節慶

一個散發淡淡英國風的小漁村

聖蘇利亞幢幢色彩鮮豔明亮的房舍，從海濱沿著坡道而築，包圍著山丘上13世紀的古教堂塔樓。小鎮仍保有利用潮汐為動力的磨坊，漁港邊的小漁船、散落一地的捕魚器具，以及風中吹來的海洋氣息，都能讓人遙想聖蘇利亞居民以海維生的過去。

沿襲英國人喜愛在午後來場下午茶的生活習慣，聖蘇利亞的濱海咖啡廳，每到下午總是可見當地居民聚集在此，享受窗外美麗的海景及桌上誘人的甜點，與好友在午後共享一壺熱呼呼的好茶，不僅溫暖了胃，也拉近了彼此的距離。到了晚上，在餐廳裡，點滿一桌以新鮮海味為素材、烹煮而成的法國料理，搭配美酒與好友把酒言歡，更是來到聖蘇利亞不可錯過的重頭戲。

地理位置：

- 布列塔尼省Bretagne
- 距離聖馬羅St. Malo西南方約12公里
- 距離迪南Dinan北方約20公里

旅遊資訊中心(布列塔尼省)：

1, rue Raoul Ponchon, 35069 Rennes Cedex
02.99.36.15.15
http www.tourismebretagne.com/
@ tourism-crtb@tourismebretagne.com

法　國
FRANCE

MAP P.78

>往來諾曼第與法國的軍事重地

富熱爾

Fougères

位於布列塔尼省楠康(Nancon)河谷旁山梁上的富熱爾，在中世紀占有舉足輕重的軍事地位，有別於大多數的防禦堡壘都蓋在城鎮的制高處，富熱爾城堡反倒位於城鎮的山腳下，並擔任保衛城鎮的重責大任。

19世紀，有不少法國文學家，像是雨果、福樓拜都曾居住於富熱爾，當時的不少文學作品也經常提及此城，如今的富熱爾雖已成了一個以工業發展為主的城鎮，但光榮的過去，仍不減其充滿歷史與人文的氣息。

地理位置：

- 布列塔尼省Bretagne
- 距離雷恩Rennes東北方約49公里
- 距離聖馬羅St. Malo東南方約79公里

旅遊資訊中心：

2, rue Nationale, 35300 Fougères
02.99.94.12.20
www.ot-fougeres.fr
ot.fougeres@wanadoo.fr

雨果、福樓拜，到此懷舊

19世紀，法國吹起了一股懷古的風潮，富熱爾這個地方激發了許多文學家的想像，並將之納為筆下的題材，有名的文學家雨果、福樓拜，都曾到富熱爾居住以尋求靈感。19世紀後期，富熱爾漸漸往傳統製造業及工業發展，並成為法國的鞋類製造中心，不過，她仍保留著相當程度的中世紀風貌，能讓遊人仿效諸位大文豪，在此大發思古之幽情。

富熱爾軍事城堡，曾被英國人摧毀

有著千年歷史的富熱爾，我們可從其周圍的地理環境見出其悠遠歷史的端倪。森林中的巨石、楠康河谷的羅馬時期古道、城鎮座落於蜿蜒的河道與沼澤地中突起的山岩……這些都是最能細數其過去重要戰略位置的遺跡。

小鎮裡的防禦性堡壘富熱爾城堡，控制著諾曼第與法國之間的主要通道，城堡雖然於1166年被英王亨利二世幾乎摧毀殆盡，但後來又獲得修復，擔任重要軍事要塞長達數百年。

MAP P.78

> 以紡織和帆布業致富的石造小城

洛克羅南

Locronan

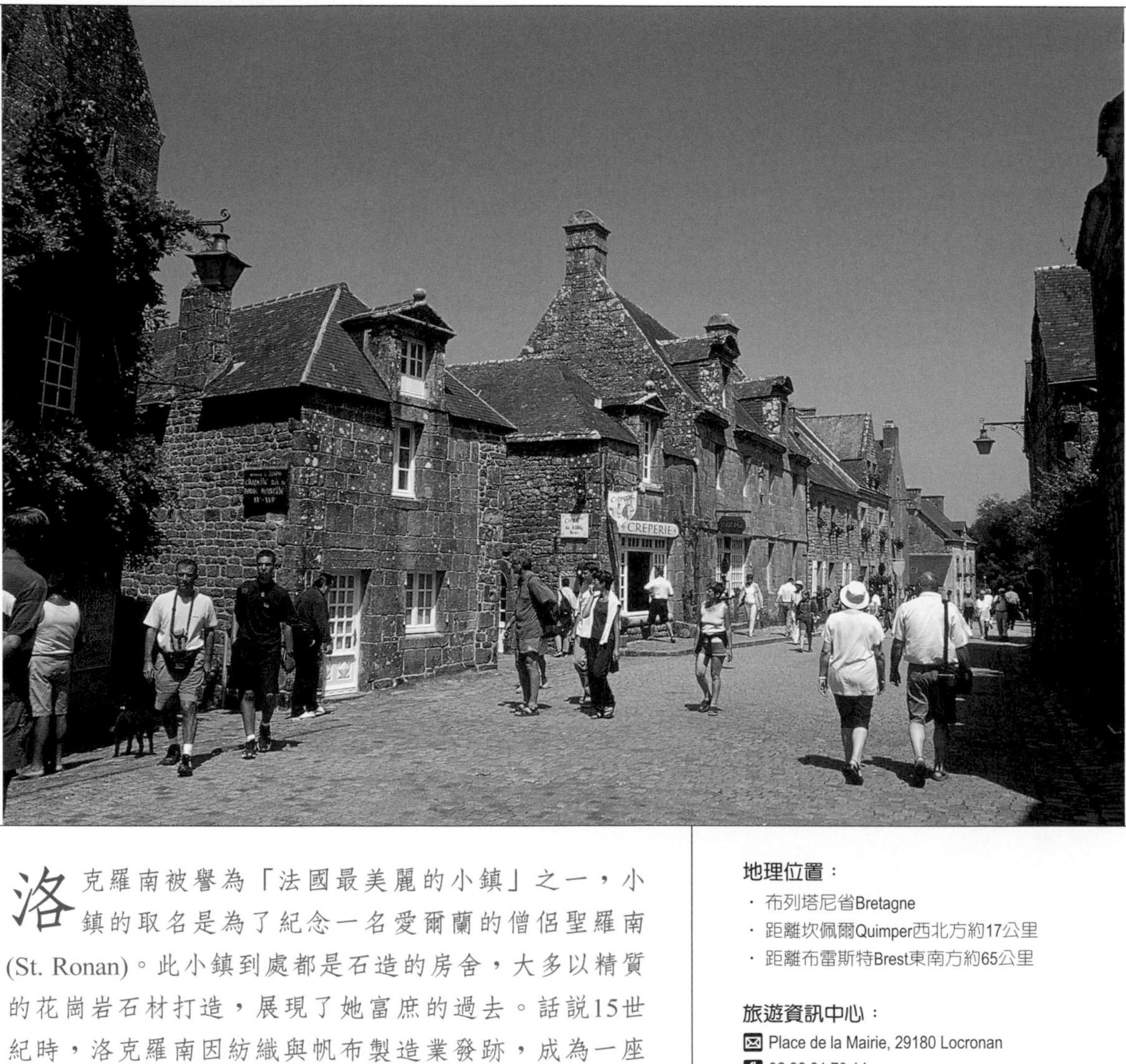

洛克羅南被譽為「法國最美麗的小鎮」之一，小鎮的取名是為了紀念一名愛爾蘭的僧侶聖羅南(St. Ronan)。此小鎮到處都是石造的房舍，大多以精質的花崗岩石材打造，展現了她富庶的過去。話說15世紀時，洛克羅南因紡織與帆布製造業發跡，成為一座富裕繁榮的城市，而今充滿歷史風味的巷弄也受到許多歐洲電影導演的青睞，或成為藝術家的工作坊。

地理位置：

- 布列塔尼省Bretagne
- 距離坎佩爾Quimper西北方約17公里
- 距離布雷斯特Brest東南方約65公里

旅遊資訊中心：

- Place de la Mairie, 29180 Locronan
- 02.98.91.70.14
- www.locronan.org
- locronan.tourisme@wanadoo.fr

因紡織與帆布製造業發跡
一躍為富裕繁榮的城市

洛克羅南以工匠藝術聞名

洛克羅南也是一座以工匠藝術聞名的小鎮，設有許多皮雕、木雕、陶藝品小店，不少懂得傳統工藝的藝術家們在老房子裡，以洛克羅南過去引以為傲的手工藝品，延續屬於這座小鎮美麗的未來。

歷史博物館，記錄小鎮昔日繁榮

洛克羅南的大廣場不僅是鎮民的生活重心，圍繞在周圍的中世紀華廈也見證了她不平凡的過去。15世紀興建的大教堂是為了紀念愛爾蘭僧侶聖羅南所建，巨大的鐘塔是當地最具代表性的地標。聖母禮拜堂則是與聖羅南教堂同一時期的建築，也是當地人的信仰中心。

洛克羅南在15世紀因紡織貿易帶來大量的財富，當地一棟棟優美的房舍有別於一般素樸的村莊，厚重的石造建築中猶見華美的細節。小鎮裡，小而美的歷史博物館訴說著洛克羅南幾百年前的盛況。

法國 FRANCE

MAP P.78

>高盧民族最早的根據地

坎佩爾 Quimper

坎佩爾位於奧代(Odet)和斯泰爾(Steir)兩河的匯流處，是一座充滿布列塔尼風情的歷史古鎮，她是高盧人的第一個據點；此外，早在西元5世紀左右，從英國來的塞爾特人(Celts)即遠渡而來，定居在此。

地理位置：

- 布列塔尼省Bretagne
- 距離布雷斯特Brest東南方約71公里
- 距離瓦訥Vannes西北方約120公里

旅遊資訊中心：

- Place de la Resistance, 29000 Quimper
- 02.98.53.04.05
- www.quimper-tourisme.com
- contact@quimper-tourisme.com

陶瓷、蕾絲，吹拂布列塔尼風情

坎佩爾小鎮的地標——聖科倫特大教堂(Cathédrale St-Corentin)，其哥德式尖塔高聳入雲，這座於13世紀初興建的教堂，是坎佩爾的生活中心，探索這座美麗的中世紀古鎮從這裡出發再合適不過。

坎佩爾特產的陶瓷製品，充滿了布列塔尼濃厚的地方色彩，琳瑯滿目地掛在屋前招攬顧客。另外，蕾絲也是坎佩爾的一大特產，源自於當地婦女傳統服飾上的裝飾，現在則應用於精緻的家飾產品，無論是桌巾、圍裙、窗簾等等，均作工精細，讓人愛不釋手。

什麼是正宗布列塔尼精神？

布列塔尼地區曾兩次成為塞爾特人的避難所。5～6世紀，塞爾特人從英國和愛爾蘭大量移入。9世紀時，塞爾特人心中的民族英雄諾默諾埃(Nomenoe)反對法國查理二世的統治，並發動起義，征服了南特(Nantes)和雷恩，使布列塔尼成為塞爾特人和法蘭克人共居之地。長久以來，許多布列塔尼人從事著航海、海軍行業，但又承襲著傳統的天主教信仰，因而布列塔尼人可說是冒險和守舊的性格兼有之。

法　國
FRANCE

35

MAP P.78

>漁港小鎮，過去殺敵、今日捕魚

康卡努

Concarneau

雖然來到小鎮康卡努的大眾交通工具不是很便利，但這裡仍是法國人很喜歡來的度假勝地。康卡努，是布列塔尼地區的重要漁港。每天清晨，由活絡繁忙的拍賣魚市展開小鎮的一天，拖網船與貨船停泊於港灣，岸邊盡是一整排海鮮餐館，可讓大老遠到此的饕客大快朵頤剛捕獲上岸的活跳跳海鮮。

地理位置：

- 布列塔尼省Bretagne
- 距離坎佩爾Quimper東南方約22公里
- 距離瓦訥Vannes西北方約103公里

旅遊資訊中心：

- Quai d'Aiguillon - B.P. 529, 29185 Concarneau
- 02.98.97.01.44
- www.tourismeconcarneau.fr
- otsi.concarneau@wanadoo.fr

康卡努，現在是漁村，過去是軍事要地

康卡努的舊城區，曾是布列塔尼區的重要軍事據點，時空移轉，如今只有純樸的居民在這裡過著安居樂業的生活。結實厚重的花崗石城牆，包圍著康卡努的舊城區，舊城區的法文名字是「Ville close」，即「牆鎮」的意思，說明了這座城牆的重要性，它不知在歷史上多少激烈的戰爭中，忠誠地保衛著這座古城。

走進城牆裡又是另一番天地，石造的房子散發著歷史的滄桑，居民們費心整理的花壇陽台，有各式各樣的小花朵在陽光下搖曳生姿。尋幽訪勝的遊客們旋繞於舊城區迂迴的巷道中，或在溫柔的海風擁抱中漫步於港灣，都能感受到這個純樸漁村的過去，以及悠哉閒適之感。

佩里戈爾Périgord附近

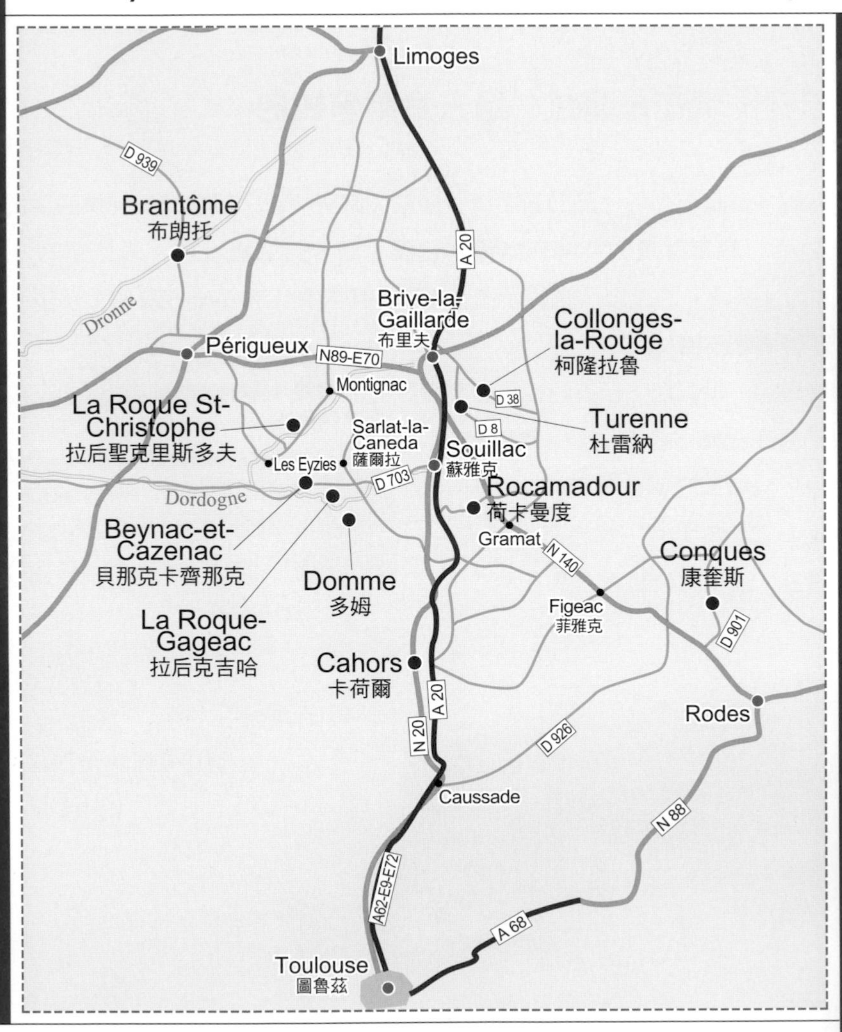

法　國
FRANCE

MAP P.88

>建造了法國史上最完美的橋樑

卡荷爾

Cahors

卡荷爾，座落於石灰岩山丘上，為曲折的洛特河(Lot)所包圍，這裡曾是中世紀重要的貿易、學術、教育及經濟重鎮，但在14世紀歷經戰亂，遭英國占領，大量人口外移，城市也因此逐漸衰退。高踞山丘上的卡荷爾小鎮，鎮內的塔樓、拱門及古橋，構成了一幅迷人的中世紀景象，而往下俯瞰，便是優美的洛特河谷。

瓦雷特橋，完美防禦工事代表

康伯塔大道(Boulevard Gambetta)從南到北貫穿卡荷爾，從中世紀以來一直擔任著卡荷爾小鎮的重要生活動脈，從大道延伸出去的視野，依稀可見當時的城鎮街道規劃。

卡荷爾小鎮的地標，也是鎮上最動人的景色，莫過於有著6個拱門的瓦雷特橋(Pont Valentré)，這座橋由14世紀的當地富商出資興建。此外，瓦雷特橋又有「魔鬼橋」之稱，根據當地傳說，當時的建築師是和魔鬼打交道，才會蓋出這麼完美的一座橋，不管傳說如何，瓦雷特橋堪稱是法國最出色的中世紀防禦工事。古橋由岩石打造，圓弧形的橋墩與塔樓橫臥於洛特河上，與河中的倒影相互輝映，景致優美，一躍於而成卡荷爾風景明信片上最吸引人的招牌。

地理位置：

- 佩里戈爾Périgord附近
- 距離布里夫-拉蓋亞爾德Brive-la-Gaillarde南方約99公里
- 距離佩里格佩里格Périgueux東南方約125公里

旅遊資訊中心：

Maison du Tourisme - Place Francois Mitterrand, 46000 Cahors
05.65.53.20.65
www.mairie-cahors.fr
cahors@wanadoo.fr

特產美食

特色建築

特殊景觀

手工藝品

著名景點

小鎮傳說

名人足跡

當地節慶

MAP P.88

>歐洲天主教徒的宗教聖城

荷卡曼度

Rocamadour

荷卡曼度小鎮從高處俯瞰著阿爾祖(Alzou)河谷，靜謐瑟然的聖阿曼度修道院座落在石灰岩的峭壁上，令人興起崇敬之感。超過9百年歷史的聖阿曼度聖母修道院，不僅是當地人的信仰中心，也是法國、甚至歐洲地區虔誠天主教徒朝聖之地。

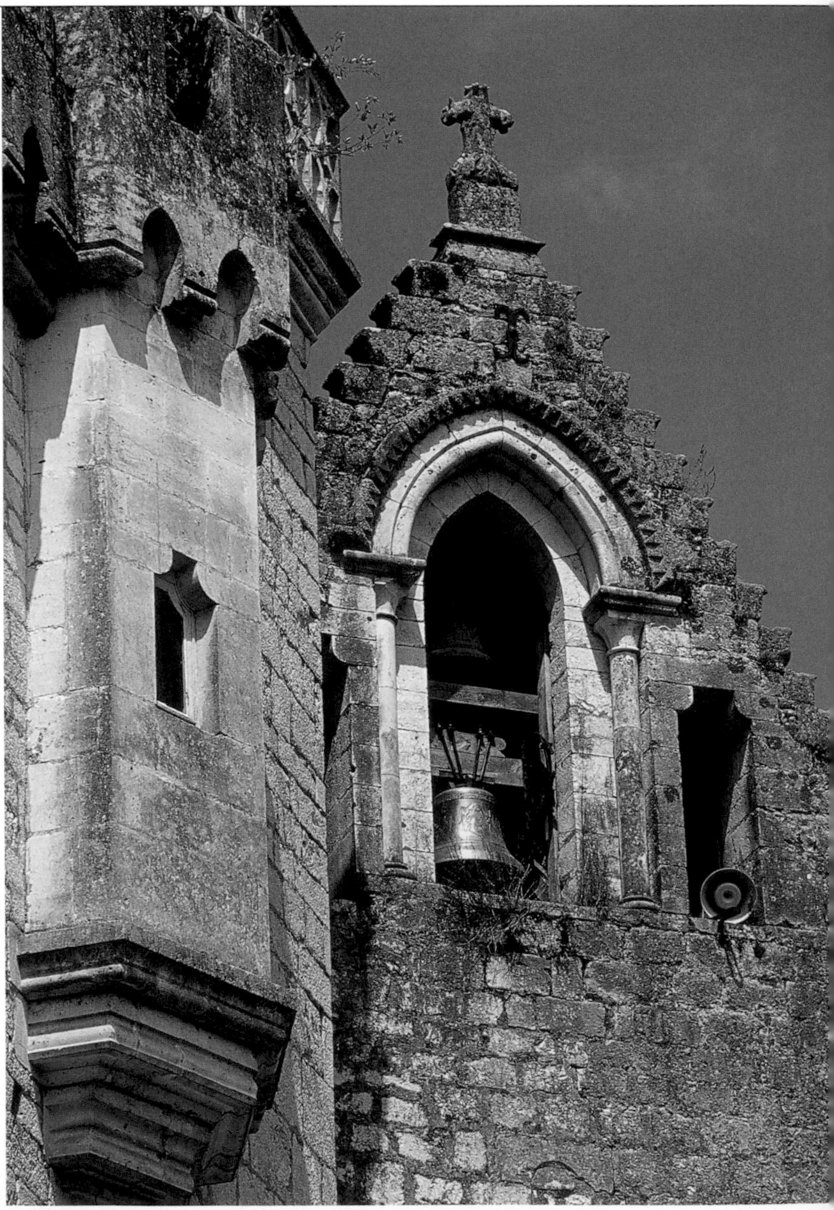

地理位置：

- 佩里戈爾Périgord附近
- 距離Gramat西北方約10公里
- 距離卡荷爾Cahors北方約57公里
- 距離菲雅克Figeac西北方約46公里

旅遊資訊中心：

L'Hospitalet, 46500 Rocamadour
05.65.33.22.00
www.rocamadour.com
rocamadour@wanadoo.fr

最受修道士歡迎的隱居之所

聖阿曼度修道院，神蹟靈驗

荷卡曼度與宗教信仰的淵源，傳說中，始於一位叫做聖阿曼度(St. Amadour)的修道士，他選擇來到這個地方隱居；到了13世紀，荷卡曼度幾乎已成了當時基督教國家中，最受到修道士歡迎的隱居之所。此外，英國的亨利國王二世，來到這裡並得到神蹟式的治癒，更讓荷卡曼度的聲名大噪。

216個階梯引領著虔誠的信徒爬上聖阿曼度修道院，修道院為7個聖壇所圍繞，其中一座供奉著黑色聖母瑪麗亞的聖像，充滿著神聖莊嚴的氣氛。根據當地流傳的說法，黑色聖母像是水手的保護神，曾多次拯救海難中的水手。此外，在戰爭期間，毀於戰火的教堂只有黑色聖母像逃過一劫，種種流傳更使荷卡曼度增添了神祕傳奇色彩。

欣賞荷卡曼度這個小鎮，最好的角度，是在鎮外的Hospitalet belvedere或是Couzou路上，錯落有致的古房舍層疊於灰色的石灰岩山壁上，如明信片般的美景迎接著遠道而來的遊客，讓人心曠神怡。

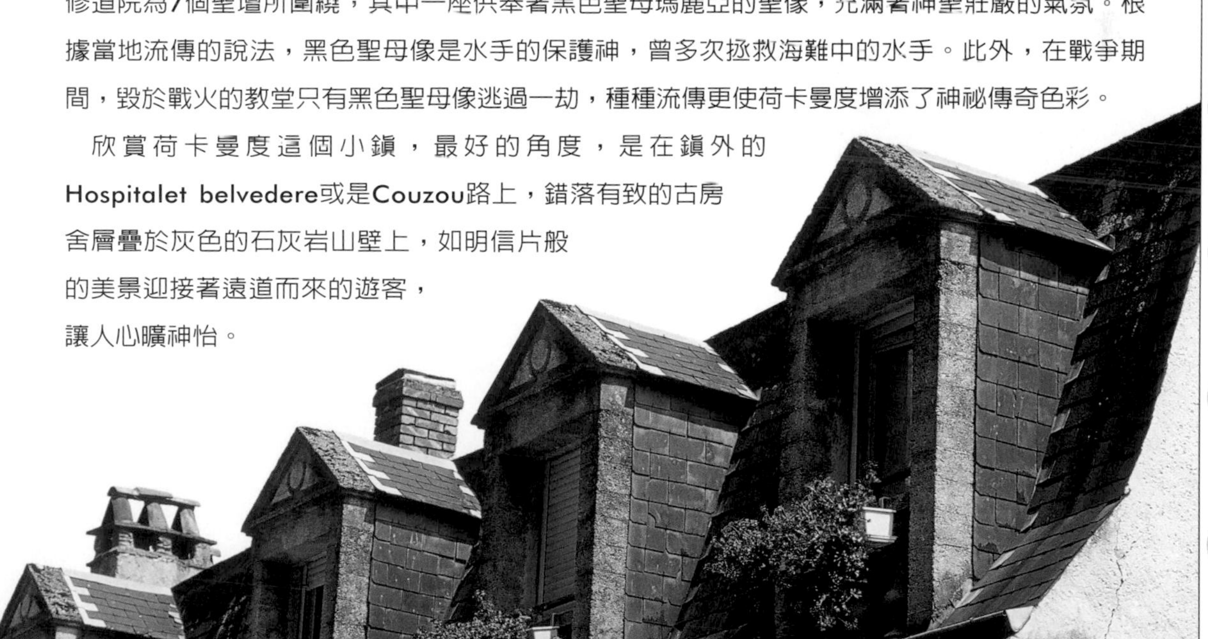

MAP P.88

>多爾多涅河谷的人間天堂

多姆 Domme

多姆位於一片風光明媚的多爾多涅(Dordogne)河谷、開闊的石灰岩台地上。氣候宜人的多姆，在12～13世紀之間，成了熱門的法國皇室貴族避暑勝地，貴族們紛紛在此興建城堡、別墅，秀麗的自然景色與美麗的建築相互輝映，也吸引了許多文人、畫家到此汲取靈感。

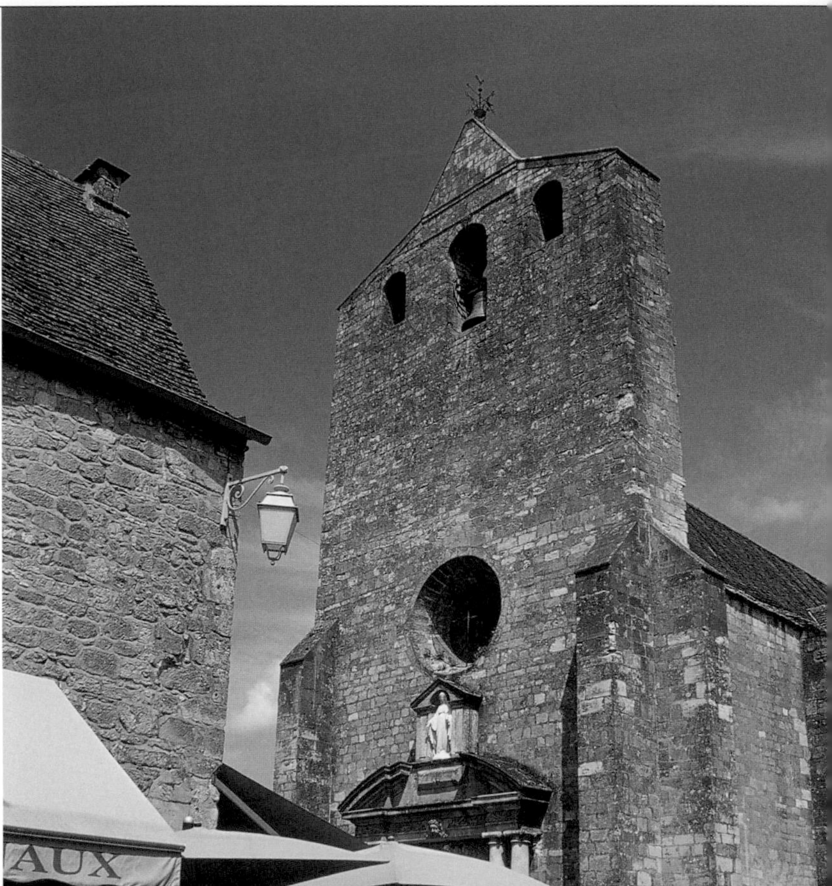

地理位置：

- 佩里戈爾Périgord附近
- 距離蘇雅克Souillac東南方約40公里
- 距離卡荷爾Cahors西北方約53公里
- 距離薩爾拉Sarlat-la-Caneda南方約12公里

旅遊資訊中心：

Place de la Halle! , 24250 Domme
05.53.31.71.00
domme-tourisme@wanadoo.fr

最古老的建築——羅得宮，是古代鑄幣廠

來到多姆小鎮的市集廣場，它被17世紀的建築群包圍著，並保留不少傳統工匠的工作坊。市集廣場活絡的氣氛是居民的生活中心，鑽進曲折的小巷中，多姆濃厚的中世紀風情無處不在；其中，最古老的建築——羅得宮(Place de la Rode)，是古時法國皇帝建造的鑄幣廠，也是一座保存良好的哥德式建築。時代更迭，法國的皇室貴族於歷史中隱沒，留下多姆這座風采綽約的古城，讓後人得以穿梭在時光長流裡，品味小鎮充滿不同面貌的中世紀風情。

多姆位於河谷台地，擁有美麗田園景致

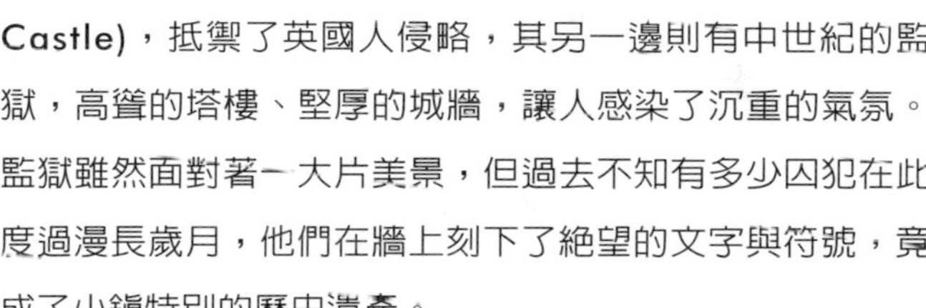

從多姆一望而去，彎曲的河流緩慢地流過蔥鬱的樹林，這樣恬靜的田園風光，像是一幅寧靜的圖畫，讓人為之著迷，忘了身在何方。著名的文學家亨利．米勒(Henry Miller)曾被多姆這一帶的景色深深吸引，並心懷感動地讚嘆此地是「人間天堂」。

孤立於山丘上的多姆城堡(Domme Castle)，抵禦了英國人侵略，其另一邊則有中世紀的監獄，高聳的塔樓、堅厚的城牆，讓人感染了沉重的氣氛。監獄雖然面對著一大片美景，但過去不知有多少囚犯在此度過漫長歲月，他們在牆上刻下了絕望的文字與符號，竟成了小鎮特別的歷史遺產。

特產美食

特色建築

特殊景觀

手工藝品

著名景點

小鎮傳說

名人足跡

當地節慶

法 國
FRANCE

MAP P88

>峭壁絕嶺深處的桃花源地

拉后克吉哈

La Roque-Gageac

蜿蜒的多荷多尼河(Dordogne)切割了兩岸峻峭的山壁，也讓拉后克吉哈小鎮宛如被世人遺忘的世外桃源，藏身於一片美景之中。整座小鎮沿山而建，依山傍水，擁有宜人的地中海氣候，流露出一股清新恬靜的小鎮風情。

地理位置：

- 佩里戈爾Périgord附近
- 距離薩爾拉Sarlat-la-Caneda西南方約13公里
- 距離卡荷爾Cahors西北方約55公里

旅遊資訊中心：

Le Bourg, 24250 La-Roque-Gageac
05.53.29.17.01
info@cc-perigord-noir.fr

哈后克吉哈，展現亞熱帶風情

中世紀古城哈后克吉哈像一顆珍珠般，深藏於多荷多尼河谷，由於小鎮掌控了多荷多泥河的水路要衝，在中世紀時期，是個防禦性的軍事重地；在文藝復興時期被富有的領主統治，因而留下了不少美麗的建築。

拜溫暖的地中海型氣候所賜，當地居民在各自的花園裡，利用各種各樣的花卉發揮他們的生活巧思，只見沿教堂旁直上山坡的小徑，綠意盎然，棕櫚樹等不少亞熱帶植物讓人忘了身在歐洲。

欣賞哈后克吉哈最美的角度，莫過於搭上仿古的傳統平底木船Gabares，隨著船隻慢慢滑過幽靜的河水，置身於兩岸陡峻的峭壁之間，望著小鎮古樸的房舍，霎時好像置身時光長河，回到了浪漫的中古時期。

小鎮沿山而建 依山傍水 擁有宜人的地中海氣候

法　國
FRANCE

MAP P.88

> 見證英法百年戰爭的古鎮

貝那克卡齊那克

Beynac-et-Cazenac

貝那克卡齊那克，位於多爾多涅(Dordogne)河畔，著名的貝那克城堡(Chateau de Beynac)是法國佩里戈爾(Perigord)一帶最雄偉的堡壘。

地理位置：

- 佩里戈爾Périgord附近
- 距離薩爾拉Sarlat-la-Caneda西南方約11公里
- 距離佩里格Périgueux東南方約64公里

旅遊資訊中心：

- ✉ La Balme, 24220 Beynac-Et-Cazenac
- ☎ 05.53.29.43.08
- http www.cc-perigord-noir.fr
- @ tourisme@cc-perigord-noir.fr

歐蓋羅普創造了米其林輪胎人

曾以此小鎮為家，並替米其林設計企業識別標誌的畫家歐蓋羅普，他所創造的吉祥物──米其林輪胎人必比登已超過100歲了！話說距今110年前，米其林的創辦人之一愛鐸(Edouard Michelin)看見展場攤位堆了大小不同的輪胎，他靈機一動，與插畫家歐蓋勒普一拍即合，米其林輪胎人在1898年就此誕生。第一次現身的必比登，手拿高腳杯，杯裡裝著釘子和玻璃，旁白寫著：「為您的輪胎，喝下行車中的障礙」，就此打出響亮的名聲，成了家喻戶曉的人物。

貝那克城堡，在英法百年戰爭扮要角

在14、15世紀英法兩方爭執不下的百年戰爭中，多爾多涅河在當時是英法兩國的邊界，貝那克城堡(Château de Beynac)則扮演相當重要的角色，那是城堡在歷史上最受矚目的一段日子，也是最艱難的一段過去。貝那克城堡的北邊為厚重的城牆所包圍，它盤踞在150公尺高的險峻山壁上，位居多爾多涅河谷最優越的位置，城堡大廳還保有百年戰爭時期的面貌，讓人追憶起那段戰事頻仍的過去。

貝那克卡齊那克小鎮裡的古老廣場，建造於1115年，如今已有近千年的歷史，在英法百年戰爭的白熱化時期裡，更是重兵集結的要地。戰爭過去後，數百年來，小鎮已歸於平淡，蜷伏於山腳下，法國詩人保羅．艾呂雅(Paul Eluard)、創造米其林輪胎吉祥物「必比登」(Bibendum)的畫家歐蓋羅普(O'Galop)，都曾以貝那克卡齊那克為家。遊客可搭仿古的傳統木船在多爾多涅河上悠遊，造訪這見證英法百年戰爭的歷史古鎮，想像她過去的燦爛與光輝。

特產美食

特色建築

特殊景觀

手工藝品

著名景點

小鎮傳說

名人足跡

當地節慶

MAP P.88

>史前巨岩上的七道天然走廊

拉后聖克里斯多夫

La Roque St-Christophe

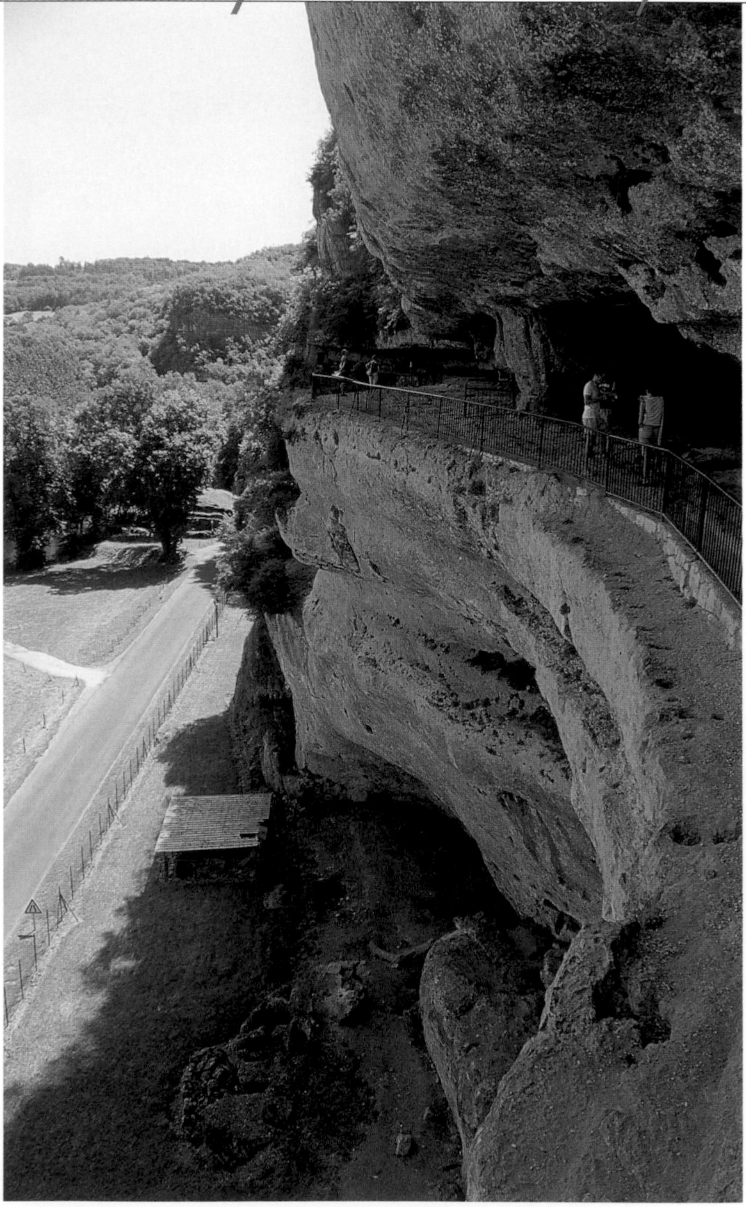

拉后聖克里斯多夫，位於蒙提那客(Montignac)與埃澤(Les Eyzies)之間的維澤爾(Vezère)河谷。

話說有塊巨大的岩石經過了上百萬年河流的沖刷，以及濕氣、風霜的侵蝕，被日積月累的自然力量刻劃出7道深長的走廊，繁茂的植被綠意盎然，遠古時期的人類辛苦地與野生動物搏鬥、與大自然對抗，還試著在岩縫遮蔽處生火、取暖，把那裡當成自己溫暖的家。到了中世紀至文藝復興時期，這裡則成了防禦性的堡壘和城鎮，以抵抗北方諾曼人的入侵。

地理位置：

- 佩里戈爾Périgord附近
- 距離薩爾拉Sarlat-la-Caneda西北方約9公里
- 佩里格Périgueux東南附近

旅遊資訊中心：

Peyzac-le-Moustier 24620 Peyzac-le-Moustier
05.53.50.70.45
www.roque-st-christophe.com/
contact@roque-st-christophe.com

拉后聖克里斯多夫巨岩，有7層天然走廊

考古學家第一次在拉后聖克里斯多夫一帶進行研究工作，始於1912年。在知名史前學家佩隆尼(D. Peyrony)的帶領下，團隊們發現，5萬5千年前，便有人類在此地的岩縫中居住，他們在此捕獵野鹿、馬，甚至熊，以當作食物，並製作皮草。如今，拉后聖克里斯多夫巨岩的7層天然走廊，鋪上了步道，岩縫也重現了遠古人類生活的景況，讓遊客能自由穿梭其中，遙想當時人類是怎麼求生存的。

中世紀時期，為了抵抗諾曼人，拉后聖克里斯多夫絕佳的天然地形，也曾被作為防禦的屏障。遊客可進入重建過的中世紀岩壁碉堡，透過蠟像等生動的展示，了解中世紀的居民及士兵如何巧妙進行防禦。沿著步道一層層拾階而上，千萬年的歷史彷彿就在腳邊溜過，看著古人生活的痕跡，遨遊古今，深具寓教於樂的意義。

法　國
FRANCE

42

MAP P.88

>德宏河岸的如畫美麗村落

布朗托

Brantôme

和緩的青翠坡地、蔥鬱的核桃樹、堅固的石造農舍，以及曲折的河道在兩旁石灰岩峭壁中切流而過，這一幅布朗托的恬靜田園景色呈現眼前，不禁讓人懷疑是否正走入圖畫之中。

地理位置：

- 佩里戈爾Périgord附近
- 距離佩里格Périgueux北方約28公里
- 距離麗摩日Limoges西南方約85公里

旅遊資訊中心：

Abbaye-Boulevard Charlemagne, 24310 Brantôme
05.53.05.80.52
www.ville-brantome.fr
si@ville-brantome.fr

漫步小鎮 清晨最美

查里曼大帝奠基的修道院，歷經多次戰火與重建

布朗托是一座被德宏河(Dronne)圍繞的小村莊，由5座以圓拱橋墩為支撐的石橋對外溝通，如鏡的河面，映出河岸邊迎風的垂柳、花園裡的錦繡花木，氣氛甚為寧靜。

清晨曙光乍現，是漫步小鎮最美的時刻，沿路可見石板堆砌成的屋頂、小莊園般的古老宅院，以及不遠處建於11世紀的羅馬式鐘塔。此鐘塔是小鎮最顯著的地標，也是修道院的所在。這座外觀由灰白色石灰岩打造的修道院，於西元8世紀由查里曼大帝(Charlemagne)奠基，經歷過多次戰火的破壞與重建，古代的修道士於岩壁開鑿洞穴，並在洞穴裡雕刻聖經故事。

修道院院長布爾代耶，大有來頭

不過，布朗托小鎮的修道院之所以能在史上留名，則是拜16世紀的修道院院長布爾代耶(Pierre de Bourdeilles)所賜。從馬背上摔下致殘的布爾代耶曾是名軍人，同時也是位編年史家，他所描寫的宮廷淫亂故事，以及《皮埃爾・德・布爾代耶回憶錄》(Memoires de Messire Pierre de Bourdeilles)，對當時代背景的人物有深刻描寫。

法國 FRANCE

43

MAP P.88

>以紅色砂岩打造的紅寶石古城

柯隆拉魯

Collonges-la-Rouge

柯隆拉魯小鎮的建築，清一色取材自當地帶著鐵質的紅色砂岩，這使小鎮像顆耀眼的紅寶石，在一片綠意盎然的青山中脫穎而出。13世紀時，柯隆拉魯還只是個簡樸的小村落；到了16世紀，成了法國名流鍾愛的度假勝地，他們在這裡建造華廈，除了以當地帶著鮮豔紅色的砂岩為建材外，還偏愛在房子的頂端加蓋塔樓，成了柯隆拉魯建築的特色。

地理位置：

- 佩里戈爾Périgord附近
- 距離布里夫-拉蓋亞爾德Brive-la-Gaillarde東南方約25公里

旅遊資訊中心：

Avenue de l'Auvitrie, 19500 Meyssac

05.55.25.32.25

www.ot-pays-de-collonges-la-rouge.fr

infos@ot-pays-de-collonges-la-rouge.fr

紅色砂岩民居處處，散發雋永紅光

午後的陽光，灑在柯隆拉魯狹窄的鵝卵石街道上，路旁成排的栗子樹在微風下搖曳生姿地迎接到訪的旅客，略顯斑駁的古老房舍頂著一個像尖帽的屋頂，是當地的建築特色，而富含鐵質的紅色砂岩牆身在暖陽的照射下，如重生般散發醉人的紅色光芒。柯隆拉魯，在中世紀時曾有過繁華的一面，當時的貴族雅士時興在此打造度假別墅，雖然這些房舍已經有上百年歷史，但仍可從氣派的門面、講究細節的雕飾，看出主人們的非凡身分地位。

聖皮爾教堂，曾用作防禦堡壘

主廣場上的聖皮爾教堂(Saint Pierre Church)建造於12世紀，整座教堂除了門之外，清一色以紅色砂岩打造，在16世紀法國的宗教戰爭中，曾作為防禦堡壘，而今新教徒與傳統的天主教徒在此和平共處，廣場旁的市集裡，還不時有古老麵包坊傳出的香氣，好一幅與世無爭的景象。

柯隆拉魯小鎮大多數的的古屋被細心地維護著，並被改建成手工藝品店、藝廊或餐廳，保持著完整的風貌，深受法國人的喜愛，她曾被法國人選為全國最美的小鎮之一，因而成了著名的觀光景點，吸引全世界的觀光客來此體會古鎮的魅力。

MAP P.88

>藏不住的軍事風華

杜雷納

Turenne

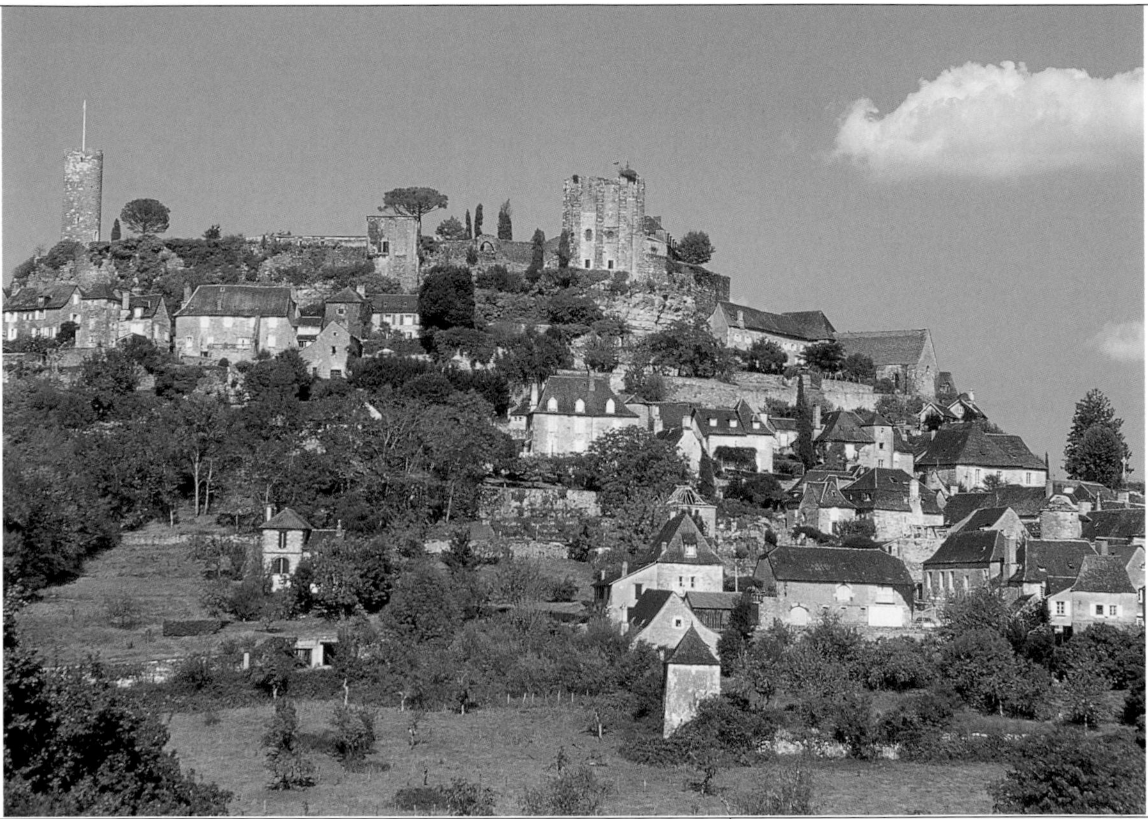

位於比里夫(Brive)以南 15 公里，杜雷納是法國著名的「三十年戰爭」英雄Henri de La Tour d'Auvergne的領地，美麗的老房舍圍繞著如同廢墟般的城堡而立，法國有一句諺語說：「蓬巴杜(Pompadour)適合暢飲，旺塔杜(Ventadour)長於銷售，而杜雷納擅於管理。」

地理位置：

- 佩里戈爾Périgord附近
- 距離布里夫-拉蓋亞爾德Brive-la-Gaillarde東南方約16公里
- 距離卡荷爾Cahors北方約89公里

旅遊資訊中心：

Place du Belvedere, 19500 Turenne
05.55.24.08.80
www.brive-tourisme.com
service.accueil@brive-tourisme.com

中世紀法國元帥的領地——杜雷納Turenne

這個與法國著名「三十年戰爭」英雄元帥杜雷納(Henri de La Tour d'Auvergne)同名的小鎮，美麗的老房舍由底部呈螺旋狀，由下而上圍繞著村頂的城堡。鋪滿鵝卵石的街道兩旁，是磚石結構的房舍群聚，小廣場背靠著防禦城牆，是村民日常生活的中心。

杜雷納城堡，擁有可眺望美景的制高點

如廢墟般的杜雷納城堡，佇立在群屋環繞的山頂上，看起來特別孤寂，路易十五(Louis XV)於皇宮召開子爵領地會議之後，便下令將杜雷納城堡拆除，僅留下城堡外圍的城牆南面的一個方形城堡主塔，以及北面一個圓形瞭望台。這兩個點均是非常適合遠眺的地點，往下俯瞰，可見小鎮灰色的屋頂及石造房舍依山層疊而建，顯得井然有序。有部分的房舍蓋有小塔，據說在15世紀時，是具有防衛功能的哨亭。

杜雷納城堡參觀注意事項：

7月～8月10:00～19:00，4月～6月及9月～10月10:00～12:00 / 14:00～18:00
1月及11月～3月14:00～18:00，僅開放週日和假日

17世紀法國軍事天才杜雷納，讓小鎮與有榮焉

杜雷納小鎮因為與法國著名英雄元帥杜雷納(Henri de La Tour d'Auvergne)同名，更增小鎮的光輝。杜雷納元帥出生於1611年，他出身貴族，從少年開始學習軍事。他在1635年路易十三發動的「三十年戰爭」中，表現英勇，出類拔萃；1643年，他被任命為元帥，在多次戰爭中出師大捷，後更因平定投石黨(La Fronde)叛亂，保護在外避難的路易十四，屢建功勳，使其聲譽扶搖直上；1675年，杜雷納巡視陣地時不幸中彈身亡，當時的法國國王也親自參加喪禮，可見其地位不凡。杜雷納元帥不僅在法國留名青史，同為軍人出身的拿破崙，更曾公開讚揚他為「軍事天才」。

法　國
FRANCE

MAP P.88

>朝聖路上的神聖小鎮

康奎斯

Conques

康奎斯是一座沿著陡峭山壁而建的小鎮，在中世紀時期，她位於法國前往西班牙聖地牙哥的朝聖路上，不僅是接待朝聖修道士們的庇護所，小鎮裡知名的聖法依修道院(Abbey Church of St. Foy)，更是當代現存的最古老羅馬式宗教建築之一。修道院裡藏有女殉道者聖法依的屍骨，以及許多珍貴的宗教聖物，這些都增加了康奎斯小鎮的濃厚傳奇風味。

地理位置：

- 佩里戈爾Périgord附近
- 距離羅德茲Rodez西北方約38公里
- 距離菲雅克Figeac東方約46公里

旅遊資訊中心：

Le Bourg, 12320 Conques
08.20.82.08.03
www.conques.fr
tourisme@conques.fr

聖法依修道院，列入聯合國世界遺產

康奎斯位於隱蔽的山林間，原本只是一個不起眼的小鎮，後來因為地處前往西班牙聖地牙哥朝聖的必經之路，再加上有座建於西元1045～1060年、藏有4世紀天主教年輕女殉道者聖法依屍骨的「聖法依修道院」(Abbey Church of St. Foy)，而使康奎斯湧進絡繹不絕的朝聖者與修道士。

步入聖法依修道院，戶外的陽光透過聖壇窗戶，灑滿寬廣的中殿，予人一種神祕、寧靜的氣氛。山牆上生動豐富的雕刻，訴說著聖經上的經典章節，最具可看性的，莫過於修道院中珍藏的寶物——聖法依的黃金雕像打造的聖骨盒，這不僅是修道院的鎮院之寶，亦是歐洲地區相當具代表性的宗教聖物之一，這一切都讓康奎斯小鎮富有強烈的宗教神祕色彩。1998年，聖法依修道院與法國好幾個同在聖地牙哥朝聖之路上的宗教建築，都入選為聯合國教科文組織的世界遺產之列。

陽光透過聖壇窗戶
灑滿寬廣中殿

>宗教遺跡豐富，列入世界文化遺產

聖埃米里翁

St. Emilion

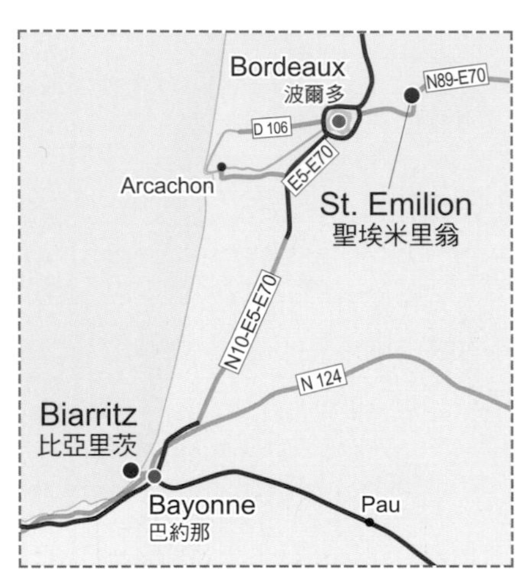

地理位置：

- 阿基坦Aquitaine一帶
- 距離波爾多Bordeaux東方約41公里

旅遊資訊中心：

Place des Creneaux, 33330 Saint-Emilion

05.57.55.28.28

www.saint-emilion-tourisme.com/

st-emilion.tourisme@wanadoo.fr

羅馬人把葡萄的栽種技術引進土壤肥沃的阿基坦(Aquitaine)地區，小鎮聖埃米里翁原本就是盛產葡萄的最精華地帶，再加上剛好是前往西班牙聖地牙哥的朝聖要站，11世紀以來，此地興建了不少教堂、修道院和驛站，因此，聖埃米里翁不僅有著從中世紀就開始出現的葡萄園栽種地景，又有豐富的文化歷史資源，憑著這兩項優越的條件，於1999年入選聯合國教科文組織的人類世界遺產之列。

石灰岩洞開鑿而成的大教堂

聖埃米里翁小鎮的名稱，得名自一位修道士。8世紀，一位來自布列塔尼、名叫「聖埃米里翁」的本篤修會修道士來到此地，鑿山洞修行，許多修士也被他的敬虔與名聲吸引，而來此地興建修道院，修道院周圍因而逐漸形成了一個聚落。此外，由於聖埃米里翁小鎮位居前往西班牙聖地的中途要道，古城因而建造了許多宗教建築、古蹟，並且都保存良好，其中尤以用石灰岩地洞開鑿出來的岩石大教堂是為代表。

聖埃米里翁葡萄酒，法國紅酒極品

另外，聖埃米里翁特產的紅酒，可列為法國紅酒的極品。此地釀酒歷史久遠，從中世紀以來便聲名遠播，當地的中產階級，成立了「行會」(Jurade)，以維持葡萄酒的品質及推廣。聖埃米里翁的「行會」組織，是法國葡萄酒行業中歷史最悠久的其中一個，每到葡萄收成或相關節慶活動，行會成員都會穿著傳統服飾，舉行承襲百年的慶祝儀式。聖埃米里翁的葡萄酒雖無法像企業般大量生產，但其無可取代的傳統技術仍代代相傳，更顯聖埃米里翁紅酒的彌足珍貴，有人讚譽其為來自上天的甘露，因而使全世界各地愛酒人士爭相收藏。

> 拿破崙三世打造的風雅度假勝地

比亞里茨

Biarritz

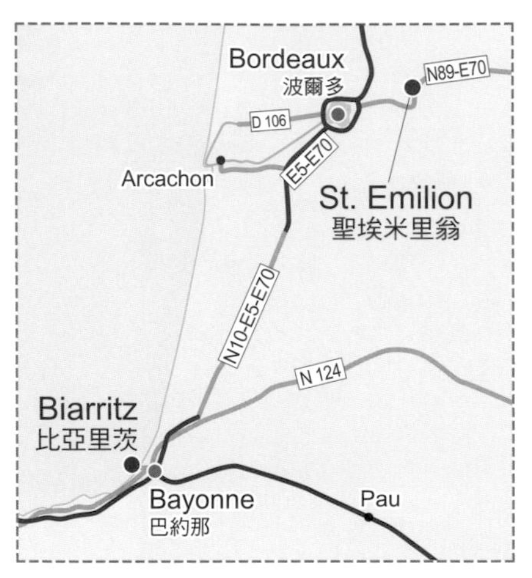

地理位置：

- 阿基坦Aquitaine一帶
- 距離巴約那Bayonne西方約8公里
- 距離聖・賽巴斯汀San Sebastian東北方約50公里

旅遊資訊中心：

Javalquinto, Square d' Ixelles, 64200 Biarritz
05.59.22.37.00
www.biarritz.fr/FRANCAIS/cadre_accueil.htm
biarritz.tourisme@biarritz.fr

比亞里茨，原本是個臨著大西洋岸比斯開灣的小漁村，離西班牙只有18公里遠，終年沐浴在地中海溫暖的陽光下。1854年，拿破崙三世看上比亞里茨的無窮潛力，將比亞里茨打造成一流的海水浴療度假城鎮，吸引歐洲各國的王宮親貴紛紛到此度假。19世紀，此地更興起上流社會專屬的高爾夫球運動，讓比亞里茨從素樸的落後小鎮，搖身一變成為名流雅士川流不息的高級休閒度假勝地。

海洋博物館與巧克力博物館

在山重巒疊的庇里牛斯山絕佳天然屏障之下，比亞里茨享有溫和的氣候、優美多樣的風景。在拿破崙三世的積極建設之下，從19世紀以來，比亞里茨一直保有高雅的魅力，吸引歐洲、甚至世界各地講究生活品味的遊客，到此追求海天一色的美景、欣賞庇里牛斯山壯麗的景色、沉浸於高級的度假享受。

小鎮裡還有寓教於樂的海洋博物館(Sea Museum)，其仿造附近海域的生態環境，擁有來自比斯開灣超過150種的海洋生物，透過博物館裡的透明大型水族箱，遊客能一覽豐富的海洋生態。另外，鎮上更有巧克力博物館(Chocolate Museum)，博物館不僅完整介紹了美味巧克力的歷史，更收藏了以巧克力精心製作的藝術品；當然，博物館附設商店裡也販售著琳瑯滿目的巧克力，讓饕客們可一飽眼福和口福。比亞里茨一整年都熱鬧無比，一年到頭都有國際性的運動比賽，例如高爾夫球賽、衝浪比賽等等，更添此地的豐富與魅力。

海洋博物館Sea Museum參觀注意事項：

09:30～12:30、14:00～18:00

巧克力博物館參觀注意事項：

http www.museeduchocolat.fr.st

＞充滿賽馬、電影節盛事的海濱天堂

杜威勒

Deauville

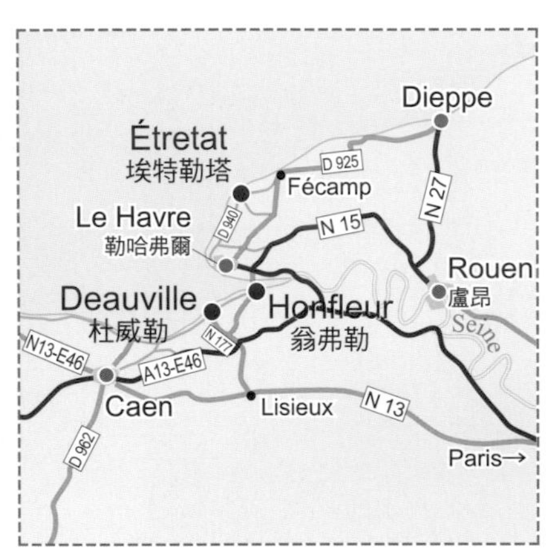

地理位置：

- 諾曼第Normandie一帶
- 距離康城Caen東北方約46公里
- 距離勒哈弗爾Le Havre南方約41公里

旅遊資訊中心：

BP 64300, 14804 Deauville Cedex
02.31.14.40.00
www.deauville.org/
info@deauville.org

沐浴在燦爛陽光下的杜威勒，可算是諾曼第、甚至所有法國海濱小鎮中，最閃亮的一顆星星。杜威勒距離巴黎只要2小時車程，擁有寬闊柔軟的沙灘及溫暖的陽光，從19世紀起，就是當代法國貴族與藝文名流人士的時髦度假勝地，她給人的感覺就像是時尚品牌一般，代表了優雅、奢華，是世界知名的度假休閒小鎮。杜威勒所服膺的生活哲學是：來到這裡，一切繁瑣俗事盡拋腦後，盡情在這個海濱度假天堂裡享樂！

1913年，香奈兒設立了第一家服裝店

如今，杜威勒仍處處可見以木質為骨架的老式諾曼第風格豪華宅邸，當然也不乏現代化的、充滿藝術感的豪華酒店。只見遊客們個個解放身上的衣物，躺在沙灘上享受難得可貴的「太陽浴」，或是到賭場試試手氣，好不悠閒。

此外，杜威勒小鎮一家家世界級的名牌精品店雲集，迎接著懷抱輕鬆心情的貴客大肆「血拼」，最具代表性的，莫過於貴婦人最愛的品牌「香奈兒」(Chanel)，香奈兒早在1913年，便於杜威勒開設她旗下的第一家服裝店。

賽馬、馬球、電影節盛事，吸引全世界遊人

自1830年開始，杜威勒在法國公爵的規劃下成了一座海濱度假小鎮，並獲得無數上流名紳、歐美演藝明星的青睞。當然，這一切也得歸功於杜威勒得天獨厚的條件和資源：春季和暖，花果盛開；夏季則有賽馬、馬球等國際體育盛事登場；一到秋天，則有電影節，巨星雲集爭輝；而到了冬天，相較於歐洲其他地區，杜威勒的冬季明顯溫暖宜人，吸引了不想遠遊的歐洲人到此避冬。杜威勒這個度假勝地，從無淡季可言，一年到頭都是熱鬧無比，只見白色沙灘在夕照下，成了綿延不絕的金黃色帶，為散步其間的情侶激盪出更多浪漫的火花。

>大航海時代的重要海港

翁弗勒

Honfleur

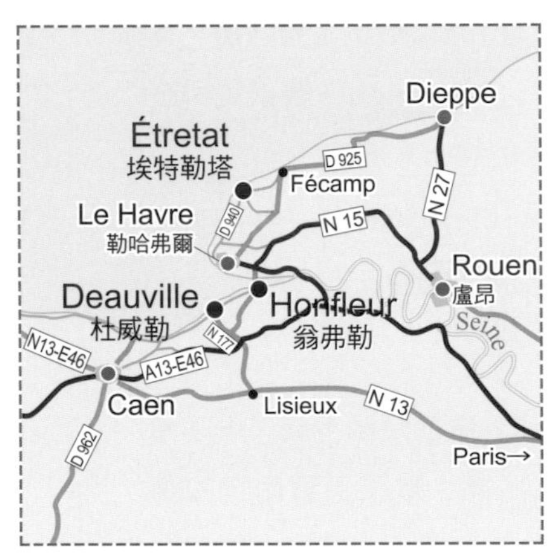

地理位置：

- 諾曼第Normandie一帶
- 距離勒哈弗爾Le Havre東南方23公里
- 距離盧昂Rouen西方75公里

旅遊資訊中心：

Quai Lepaulmier-BP 20070, 14602 Honfleur Cedex
02.31.89.23.30
www.ot-honfleur.fr/
contact@ot-honfleur.fr

翁弗勒，位於塞納河出海口的南岸，建城已超過千年，是一座古老又迷人的諾曼第漁港；大航海時期裡，她更是法國航向新世界的起點。翁弗勒擁有風景優美的海灣，只見灣畔散落著15～16世紀的古建築；此外，翁弗勒也是藝文氣息濃厚的小鎮，19世紀的許多知名印象畫派畫家如塞尚、雷諾瓦等藝術家，還有文學家們，都十分喜歡到此度假、寫生、創作，翁弗勒的美，因而在不少畫家及作家的筆下化為永恆。

聖凱薩琳教堂，外型像艘翻覆的船

翁弗勒一直是法國相當重要的海港，像是在加拿大魁北克建立法國殖民地的法國探險家山普倫(Samuel de Champlain)，便是在1608年從此地揚帆出發的；直到19世紀，翁弗勒的地位才被哈弗爾(Le Havre)港取代。

翁弗勒最具特色的建築，是外型像一艘翻覆船隻的聖凱薩琳教堂，這座看似前衛的建築，據說是出於15世紀一位造船家之手，也是法國現存最大的木造教堂及獨立鐘樓。翁弗勒最美、也最常被入畫的景色，莫過於港灣一帶，灣邊的船桅林立，剛捕獲的海鮮不斷地從漁船上卸下，風中飄送著海洋的氣息……，散步在灣畔，一邊感受著這純樸美好的一切，一邊欣賞岸邊的諾曼第風格紅磚建築，讓人仿若置身生氣勃勃、如詩如畫的美境中。

探險家山普倫，航向加拿大魁北克

17世紀的大航海時代，法國人也揚帆航向世界伸出觸角，山普倫(Samuel de Champlain)便是法國航向北美的先驅者。早年的他曾參與西印度群島和中美洲的探險，1603年開始在北美一帶進行考察；1608年起陸續率領法國人移民至魁北克，並與北方的印第安人合作，屢次擊退易洛魁人(Iroquois)，促進法國與印地安人的毛皮貿易；1613年山普倫宣告法國在魁北克擁有的權力，隨後率兵再次攻打易洛魁人，但結果受傷回到法國；1628年英法戰爭期間，山普倫堅守魁北克城抵抗英軍圍攻，但最後被俘至英格蘭。由於山普倫為法國在北美開拓的殖民地有著指標性的貢獻，因此被人們尊稱為「新法蘭西之父」。

特產美食

特色建築

特殊景觀

手工藝品

著名景點

小鎮傳說

名人足跡

當地節慶

>擁抱壯闊、狂野、原始的海岸風光

埃特勒塔

Étretat

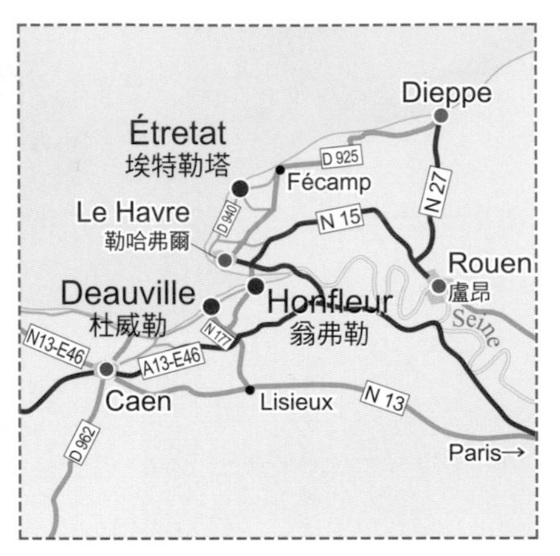

地理位置：

- 諾曼第Normandie一帶
- 距離勒哈弗爾Le Havre北方約29公里
- 距離盧昂Rouen西北方約88公里

旅遊資訊中心：

Place Maurice Guillard-BP 3, 76790 Étretat
02.35.27.05.21
www.etretat.net
ot.etretat@wanadoo.fr

諾曼第的濱海小鎮埃特勒塔，面對著雄偉的大西洋，景色之壯闊、狂放，與法國其他典型的悠閒風度假小鎮很不同。埃特勒塔小鎮的幅員裡，綿延數公里的陡直白堊石山壁、洶湧的浪濤，刻畫出驚心動魄的景象，無常的天氣時雨時晴，帶給人一種蠻荒、淒涼的美感，自古以來，這片美景也吸引著畫家、詩人紛至沓來，讚嘆阿勒巴特海岸的狂野之美，並以其畫筆、詩歌詠頌海岸丰姿的千變萬化。

聖母教堂，羅馬式與哥德式建築共存

除了狀闊的天然美景，埃特勒塔小鎮上的聖母教堂(The CHURCH of NOTRE DAME)亦很值得一提。其建築分為羅馬式與哥德式兩個部分，羅馬式的部分建於11世紀，到了12世紀中期，為了擴建教堂，改以哥德式建築的表現手法，但蓋到一半因經費困窘及諾曼第一帶的戰事而停擺，故造成現今兩種建築風格並存的特殊樣貌。

阿勒巴特象鼻海岸，大自然鬼斧神工

靠海的埃特勒塔小鎮，靜靜守護著壯觀的阿勒巴特海岸(Cote d'Albatre)，小鎮的西邊，在凶猛海浪的長年拍打下，蝕刻成拱門的形狀，像極了鼻管伸入海中的大象；每逢夕陽西下，黑色巨岩在金黃餘暉的照耀下，像一隻被施了魔法、佇立在海中的巨象，這因此成了埃特勒塔最著名的地標，更時常成為藝術家們筆下的題材，紛紛將造物者如此鬼斧神工的傑作化為永恆。

法國作家莫泊桑(Maupassant)，出生在埃特勒塔附近，成名之後仍忘不了家鄉的美麗景色，因而在埃特勒塔海岸邊蓋了一棟住屋，偶爾在此小住、寫作。

阿勒巴特海岸的狂野之美

以畫筆、詩歌詠頌海岸丰姿的千變萬化

特產美食

特色建築

特殊景觀

手工藝品

著名景點

小鎮傳說

名人足跡

當地節慶

西班牙小鎮分布圖

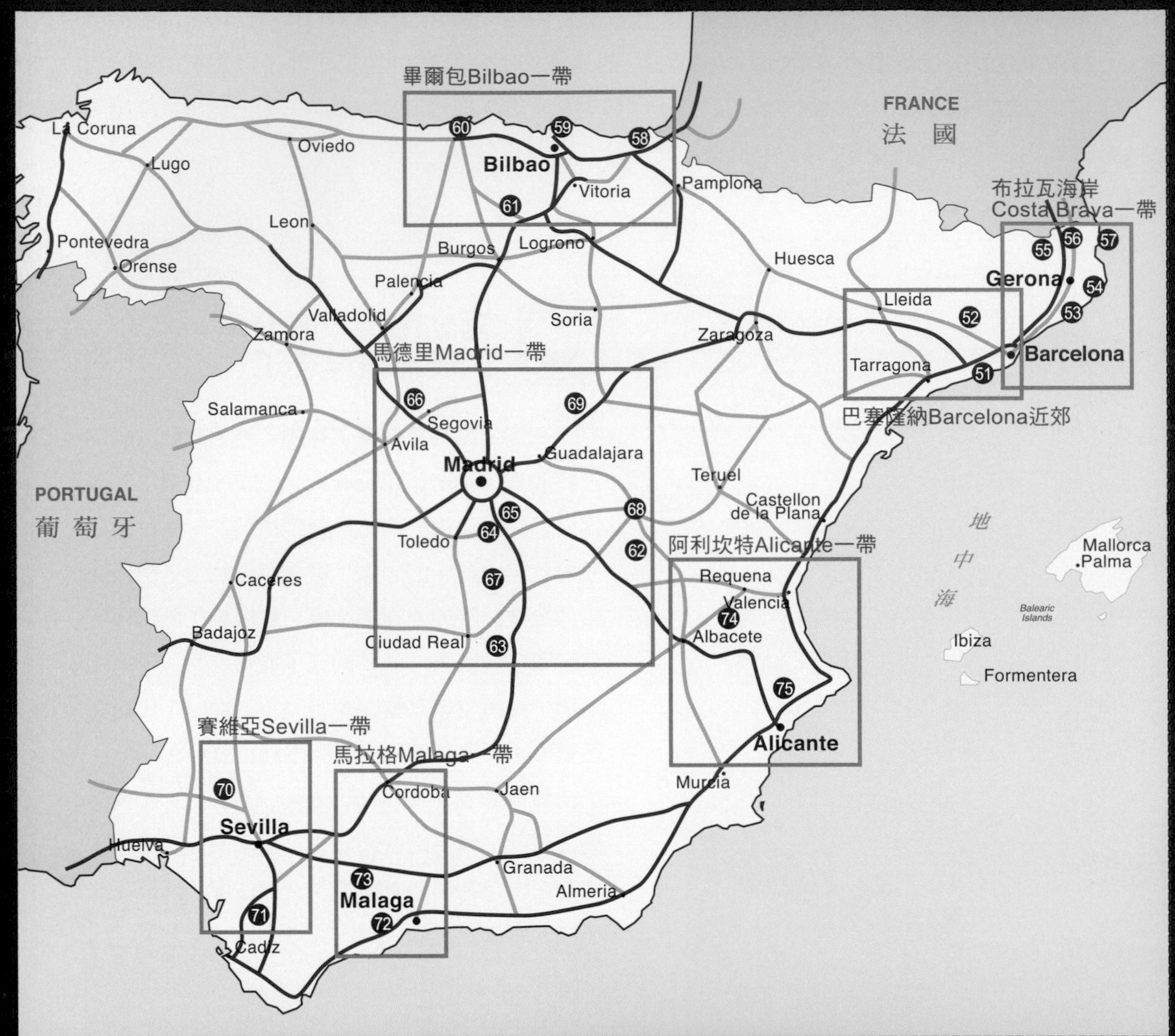

SPAIN

巴塞隆納Barcelona近郊．西特傑斯Sitges．蒙賽拉Montserrat．布拉瓦海岸Costa Brava一帶．托沙地馬Tossa de Mar．帕斯Pals．貝沙魯Besalú．菲傑雷斯Figueres．卡達奎斯Cadaques．畢爾包Bilbao一帶．聖．賽巴斯汀San Sebastian．布頓城堡Castillo Butron．聖提拉那．德．馬Santillana del Mar．佛里亞斯Frias．馬德里Madrid一帶．亞拉爾康Alarcón．阿馬革洛Almagro．亞蘭胡埃茲Aranjuez．青瓊Chinchón．可卡城堡Castillo de Coca．康蘇艾格拉Consuegra．昆卡Cuenca．西昆恩撒Sigüenza．賽維亞Sevilla一帶．阿拉賽那Aracena．賀雷茲Jerez de la Frontera．馬拉格一帶Malaga一帶．米哈斯Mijas．隆達Ronda．阿利坎特Alicante一帶．猶卡爾堡Alcala del Jucar．瓜達雷斯特Guadalest．巴塞隆納Barcelona近郊．西特傑斯Sitges．蒙賽拉Montserrat．布拉瓦海岸Costa Brava一帶．托沙地馬Tossa de Mar．帕斯Pals．貝沙魯Besalú．菲傑雷斯Figueres．卡達奎斯Cadaques．畢爾包Bilbao一帶．聖．賽巴斯汀San Sebastian．布頓城堡Castillo Butron．聖提拉那．德．馬Santillana del Mar．佛里亞斯Frias．馬德里Madrid一帶．亞拉爾康Alarcón．阿馬革洛Almagro．亞蘭胡埃茲Aranjuez．青瓊Chinchón．可卡城堡Castillo de Coca．康蘇艾格

西班牙篇

遊西班牙小鎮，舒暢記憾！

難忘經驗1：完美的一天

記得第一次看到貝沙魯Besalu小鎮的照片，其羅馬式古橋相當吸引人，在西班牙遊學期間，有個週末，學校安排到貝沙魯郊遊，我當時毫不考慮馬上報名，但最後因報名不滿十人而取消。我與其他來自美國、日本、義大利的幾個同學不因此而放棄，租了車，照著地圖開往這個心儀已久的小鎮。當我們一行人來到照片中的羅馬石橋前，雖然出生在歐洲的義大利同學對此景習以為常，但來自美國、日本的同學，以及來自台灣的我，對眼前散發著濃濃歐洲中世紀氣息的景象興奮不已，我們在石橋下的餐廳一邊喝酒，一邊享用西班牙特色小菜Tapas，還到小鎮廣場欣賞户外演奏。**(貝沙魯Besalú小鎮詳細介紹，請見P.134)**

之後，我們又驅車前往超現實藝術大師——達利的家鄉菲傑雷斯Figueres，一幅幅充滿奇幻創意、衝擊視覺的大作，以往只能在藝術史籍上「望梅止渴」，但現在卻活生生呈現在眼前。**(菲傑雷斯Figueres小鎮詳細介紹，請見P.136)**

租車資訊		
租車公司	電　話	網　址
AVIS	901.13.57.90	www.avis.com
Hertz	901.10.10.01	www.hertz.com
Europcar	901.10.20.20	www.europcar.com

注意事項

1. 全球性連鎖租車公司在各大城市機場、車站、旅館都設有服務處
2. 租車人需年滿21歲
3. 道路救援單位：
   ✉ The Spanish Royal Automobile Club
   ☎ 900.11.22.22 / 91.593.33.33

開車資訊	
法定開車年齡	18歲
安全帶使用規定	前、後座人士均需繫上
速　　限	市區50km 無路肩開放道路90km 有路肩開放道路100km 高速公路120km

充滿希臘風情的白色小鎮

回程時，大家一路談笑風生、心情輕鬆，廣闊的平原，夕陽如同往昔一樣美好，這樣的一天，一切是如此自然，又如此不可思議。

難忘經驗2：驢子計程車

有一次，我帶女兒來到地中海畔的白色小鎮——米哈斯，晴空萬里下的白色房舍，在陽光的照耀下充滿濃厚的希臘風情，我們叫了當地的計程車——刻苦耐勞的驢子，帶我們探索這個可愛的村莊。對女兒來說，騎馬、騎大象倒不稀奇，但騎著憨厚的驢子卻是件新鮮的事，她迫不及待坐上經當地驢夫精心打扮過的小驢兒，我就這樣和她一前一後，在驢子緩慢的行進間，穿梭在白色巷弄間……，一想到這件往事，女兒當時的笑聲彷彿小驢兒頸上清脆的鈴鐺，在耳邊不絕地迴響。**(米哈斯Mijas小鎮詳細介紹，請見P.172)**

難忘經驗3：古今交錯的盛會

旅行中，若有機會碰上當地節慶，那真是一件無比幸運的事！當我來到西昆恩撒Sigüenza時，當地恰巧正舉辦慶典，只見小鎮的廣場上熱鬧無比，有騎馬武士、雜耍的表演，各行各業的攤位將廣場團團包圍，打鐵的工匠、香味四溢的麵包坊、製作傳統手工藝的村姑……，每個人都穿著中世紀的服裝，時光好像真的倒流了幾百年。胸前掛著相機、一副劉姥姥瞎闖大觀園模樣的我，倒成了誤闖時光隧道的現代人，與這幅中世紀景象格格不入了！**(西昆恩撒Sigüenza小鎮詳細介紹，請見P.166)**

>吹拂悠閒、時髦、度假風

西特傑斯

Sitges

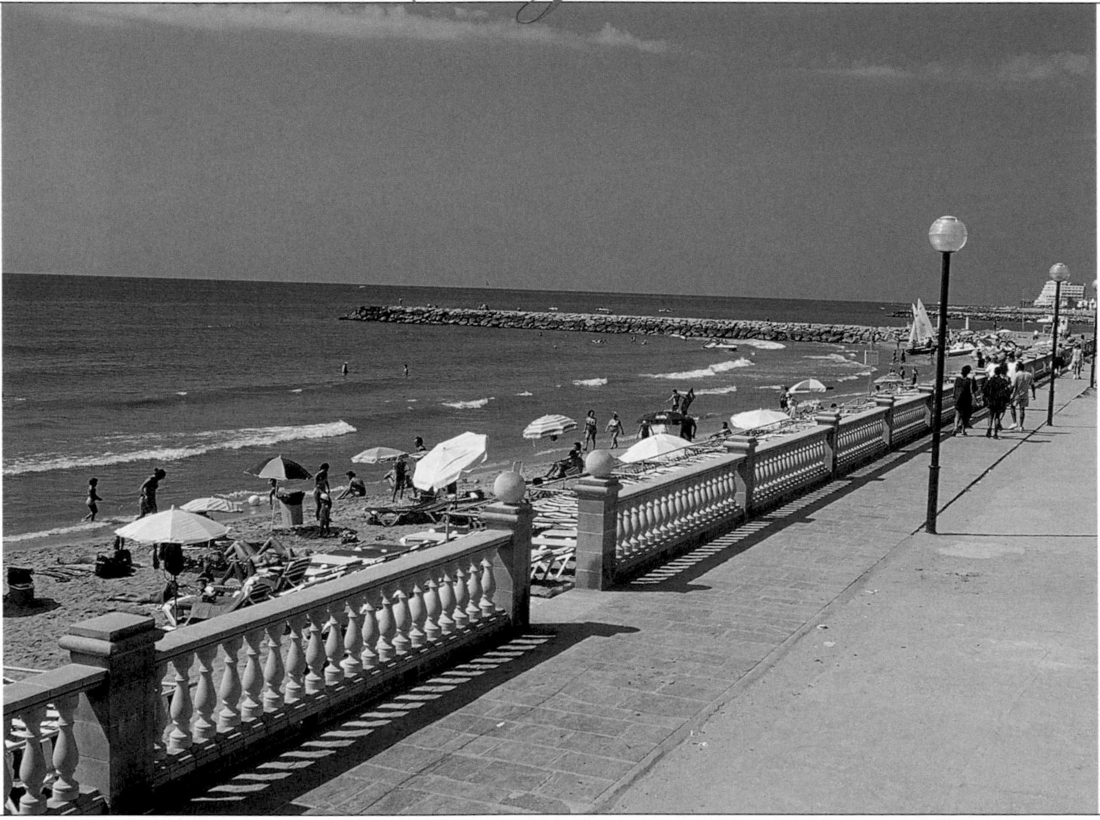

西特傑斯位於巴塞隆納約西南方35公里處，是西班牙著名的海濱度假勝地。這裡有兩處美麗海灘，並時常舉辦沙雕活動，海灘旁的林蔭大道則布滿豪宅、高級旅館及許多具有設計感的建築。

西特傑斯舊城區則呈現出另一種小漁港寧靜的氛圍，地中海式的白色房舍點綴其中，綿延的海岸線上種滿了棕櫚樹，到處散發著悠閒浪漫的氣息。入夜之後，熱鬧的夜生活讓人在音樂中忘卻憂愁。

地理位置：

- 巴塞隆納Barcelona近郊
- 距離巴塞隆納西南方約35公里

旅遊資訊中心：

Calle Sinia Morera, 1-08870 Sitges
90.210.34.28 / 93.884.50.04 / 93.884.50.42
www.sitgestur.com/
info@sitgestur.com

同性戀愛侶，不缺席

西特傑斯也是個充滿活力的藝文小鎮，在西班牙現代主義運動沸沸揚揚興起的時期，有許多建築師在此地留下多個具代表性的作品。此外，西特傑斯自由開放的風氣讓她深受同性戀者青睞，在炙豔的陽光下，可見一對對身材健美的「情侶」們在沙灘上作日光浴，或逐波嬉戲，或在小鎮的露天咖啡座，雙雙對對談天說地，真情無須掩飾自然流露，成為小鎮的特色之一。

基督聖體節與花地毯

每年6月，基督聖體節過後的星期天，許多人都會來西特傑斯一睹獻給節慶的「花地毯」，接著還有在同一月份登場的國際戲劇節、10月的卡塔隆尼亞國際電影節，都吸引了無數愛好藝文活動的遊客前來共襄盛舉。

特產美食
特色建築
特殊景觀
手工藝品
著名景點
小鎮傳說
名人足跡

當地節慶

西班牙
SPAIN

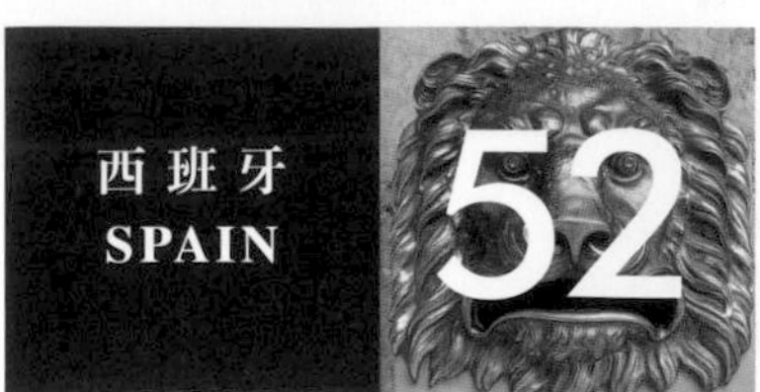

>如刀切的山崖絕壁

蒙賽拉

Montserrat

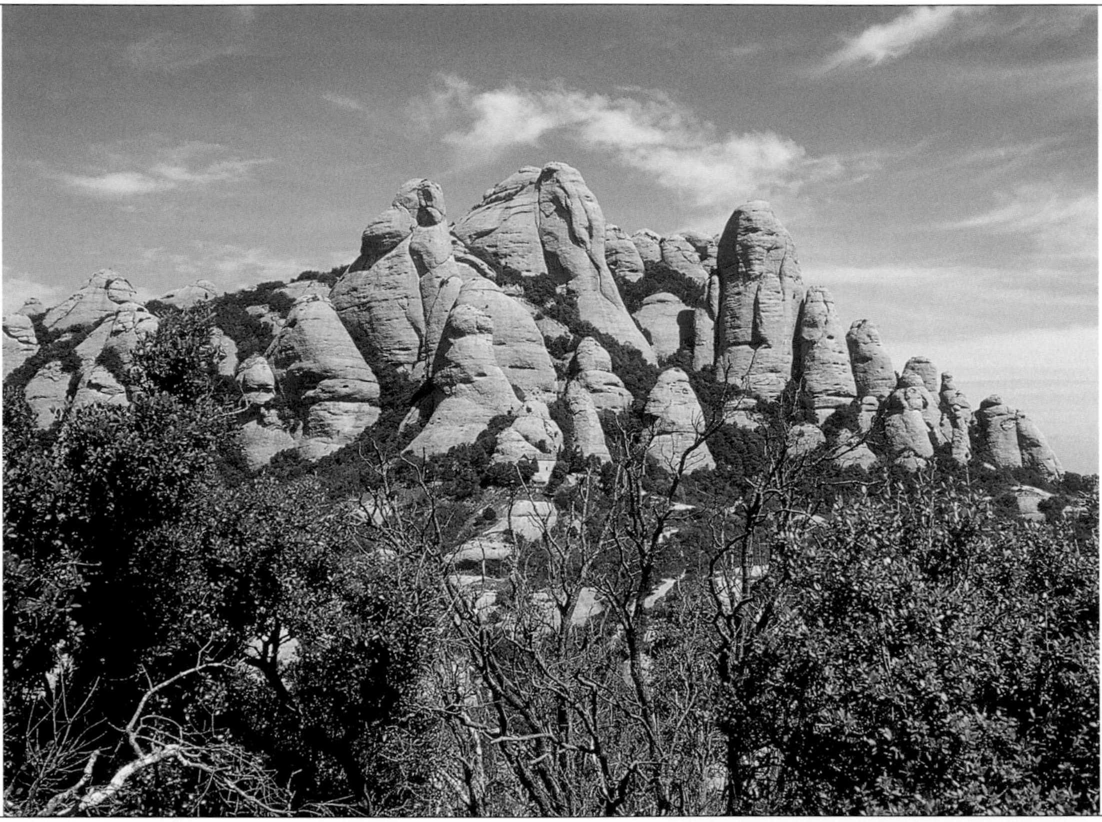

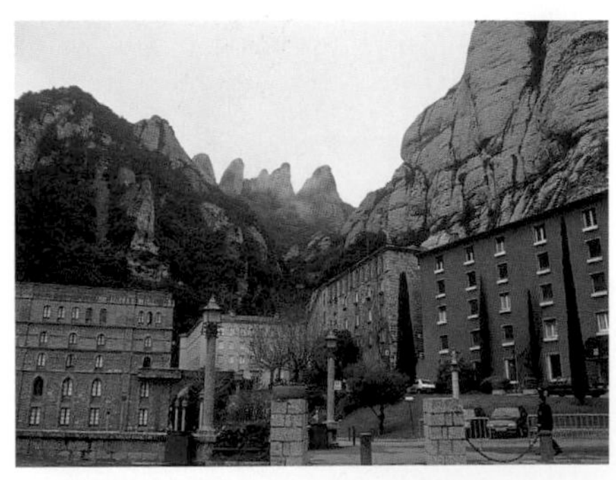

蒙賽拉距離(Montserrat)巴塞隆納約61公里，在西班牙文中，「Mont」的意思是「山」，「serrate」是刀切的意思；蒙賽拉地如其名，以奇特的地理景觀著稱。

一座形狀奇特的山崗從地面矗立，狀如鋸齒的爍岩，有如被切割的山形，遊人可搭乘纜車登上瞭望台，欣賞這獨特又壯麗的地理景觀，視野清朗時，甚至可眺望地中海的巴利亞利群島(Baleares)。

地理位置：

- 巴塞隆納Barcelona近郊
- 距離巴塞隆納西北方約61公里

旅遊資訊中心：

Monestir, 08199

93.835.02.51 ext.186

形狀奇特的山崗從地面矗立

蒙賽拉修道院，擁有一千多年歷史

西元9世紀時，來自巴塞隆納附近瑞波爾(Ripoll)的聖本篤修會修士，在蒙賽拉山麓修建了僻靜的修道院，剛開始這裡只是修道士們簡陋的隱居所，後於西元11世紀開始受到重視，13世紀開始增建羅馬式建築，並在1409年脫離瑞波爾修道院的管轄而獨立。其中曾在此執事的修道院長羅維雷(Giuliano della Rovere)，即後來的教宗猶流二世(Jiulius II)，這使蒙賽拉修道院的地位更加不可同日而語。

蒙塞拉修道院參觀注意事項：

週一～週五07:00～19:45，週六～週日、例假日07:00～20:15

93.835.02.51

乘纜車上瞭望台

欣賞獨特之地理景觀

親炙黑色瑪麗亞，卡塔隆尼亞守護神

每年都會有成千上萬的朝聖者來到蒙賽拉修道院，為的是想親炙黑色瑪麗亞(Black Madonna/La Moreneta)的風采。黑色瑪麗亞是座雕像，據說是12世紀時為一位牧羊人於附近山區洞穴發現，後來成了卡塔隆尼亞地區的守護神，每年都有許多人前來膜拜。蒙塞拉修道院，可說是卡塔隆尼亞的宗教、文化中心，以及朝聖地，當地人特別喜歡來這裡公證結婚，領受黑色瑪麗亞的祝福。

名作曲家華格納，深深愛戀

從文獻記載可得知，蒙賽拉修道院著名的少年合唱團La Escolania，早在13世紀便創立，這也是歐洲最古老的宗教合唱團之一。每天下午1點，以及晚上7點、10點，都可以聽到這群可愛的少年宛如天使般的歌聲在修道院中飄揚。此外，蒙特拉奇特的地形與莊嚴的修道院，也曾吸引名作曲家華格納(Wagner)以此地為背景，創作了一首著名的歌劇《帕西法爾》(Parsifal)。

布拉瓦海岸Costa Brava一帶

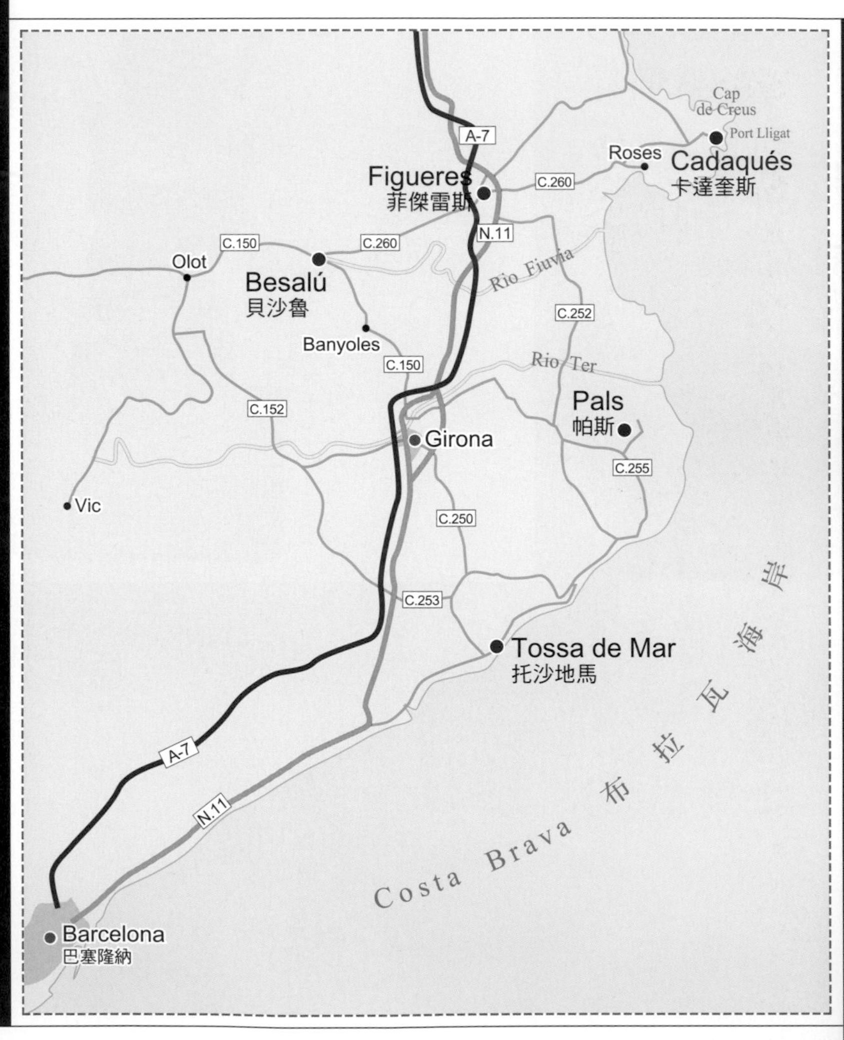

西班牙
SPAIN
53

MAP P.128

>到野蠻海岸，原始度假

托沙地馬

Tossa de Mar

「Brava」在西班牙語中，是凶猛、野蠻的意思，西班牙東北角的布拉瓦海岸(Costa Brava)，便是個地形險峻，有崎嶇懸崖絕壁綿延的地方。

此海岸沿線藏著許多寧靜的小漁村，白淨的沙灘與美景，隨著觀光業的興起，昔日的小漁村轉型為休閒度假小鎮，讓人投向地中海迷人的懷抱，而托沙地馬堪稱為此區的代表。

地理位置：

- 布拉瓦海岸Costa Brava一帶
- 位在巴塞隆納東北方附近

旅遊資訊中心：

- Avenida del Pelegri, 25-17320 Tossa
- 97.234.01.08
- www.infotossa.com/
- oftossa@ddgi.es

軍事堡壘與布拉瓦海岸，日日相對

從托沙地馬城外的停車場走進城裡，會經過一條長長的步道，涼風送爽，空氣中瀰漫著海的氣息，路的兩旁則盡是販賣海灘戲水用品的商店。沙灘的盡頭有一座13世紀的防禦性古堡，以石、磚所砌的堡壘已失去它防衛的功能，靜靜地躺在此，面對美麗的布拉瓦海岸，幸好還有城堡裡的小博物館，訴說著昔日的風華。

登上此城堡的燈塔，俯瞰整個托沙地馬小鎮，只見鵝卵石街道蜿蜒，白色房舍點綴其中，沙灘上遊客戲水的嬉鬧，觀光小艇穿梭，一派悠閒的氣氛讓人忘卻世俗煩憂。

到省立博物館，欣賞羅馬時期古物

托沙地馬小鎮裡有座「省立博物館」(Museu Municipal)，展示著從小鎮周遭挖掘出的羅馬時期文物，以及1930年代曾造訪托沙地馬的藝術家夏卡爾(Chagall)、馬松(Masson)等人的作品。

悠閒氣氛
忘卻世俗煩憂

讓人投向地中海迷人的懷抱

MAP P.128

>漫步石頭城

帕斯

地理位置：

- 布拉瓦海岸Costa Brava一帶
- 距離吉羅那Girona東方約38公里

旅遊資訊中心：

- Plaza Major, 7-17256 Pals
- 97.263.73.80
- www.palsweb.net/
- turisme.pals@ddgi.es
- 每週三公休

迷路，在彎曲的小巷裡

到帕斯最好的玩法，是讓自己隨意在小鎮裡閒蕩，享受迷路的樂趣，這裡到處都是充滿古意的房舍及蜿蜒的窄街，置身其中，您會發現半圓形的拱門、房舍尖拱型的窗戶與石造的陽台，正是帕斯特有的建築風格。順著鋪鵝卵石的街道走，可是找不到任何一條筆直的街道呢，在彎曲的小巷中，繞著迷宮般的巷道，從這裡走上去，從另一邊走下來，每個轉彎都是驚奇。

位於特爾(Ter)河口的帕斯，腹地不大，位在一座被平原包圍的山丘上。迷人的佩德羅(El Pedro)舊城區，最早可追溯至西元9世紀，古城牆遺跡圍繞著小鎮；其中，小鎮最醒目的地標，是一座建於11～13世紀，高15公尺的圓形羅馬式塔樓。

Baix Empordà，海陸雙拼好滋味

帕斯小鎮，是享用西班牙著名美食Baix Empordà的好去處。Baix Empordà是一種混合了田園與海鮮材料的菜餚，素材有蠶豆、豌豆、茄子、洋蔥胡椒，以及燉雞、兔肉、鱈魚、黑鱸等，並搭配新鮮水果做成的甜點，是一頓充滿地中海風味的餐點。

販售精美陶藝品

帕斯距離盛產陶藝品的畢斯巴(La Bisbal)小鎮非常近，畢斯巴是個中世紀即存的古市集城鎮，從17世紀開始便展開製陶工藝，是一個歷史悠久的陶藝之城，在歐洲地區富享盛名，也讓其附近的帕斯成了推銷畢斯巴陶藝品的展售重心。

MAP P.128

>感受羅馬式古城的浪漫

貝沙魯

Besalú

地理位置：

- 布拉瓦海岸Costa Brava一帶
- 距離菲傑雷斯Figueres西南方約20公里

旅遊資訊中心：

Calle de la Llibertat, 1-17850 Besalú
97.259.12.40
www.ajuntamentbesalu.org/
otbesalu@agtat.es

享受一個充滿
古羅馬風味
的中世紀古鎮……

西元11～12世紀之間，貝沙魯曾是菲傑雷斯到特爾河谷這一帶的首都，整座小鎮保存良好，有著濃厚的古羅馬風味。城鎮入口有一個古羅馬式的防禦性古橋，曾於中世紀重建，從它羅馬式的建築造型、護城橋、中古世紀樣式的窗户可發現，這是座保存完整的古代城市代表。

羅馬式古橋，發思古幽情

開車到貝沙魯，把車子停在城外的停車場，還沒走進貝沙魯，就會先看見一座羅馬式的古橋橫臥在弗魯維亞河(Fluvia)的小溪上，讓人對這座小鎮充滿期待。貝沙魯最大的特色，在於這座興建於12世紀的羅馬古橋，造橋材料取自魯維亞河床岩石，中世紀時，旅客們出入此橋還必須繳交通行費呢。

古橋與拱門，引人走進中世紀

古橋另一邊的拱門像個時光隧道的入口，走進貝沙魯，好像來到中世紀的古鎮，廣場旁有著拱門綿延的騎樓，流動的市集圍繞著廣場，戶外樂團演奏吸引來往的人群，坐在露天咖啡聆聽著古典樂曲，還可親身感受當地人樸實又純真的生活……到貝沙魯，享受一個充滿中世紀浪漫風情的午後吧！

MAP P.128

>超現實藝術大師達利的故鄉

菲傑雷斯

Figueres

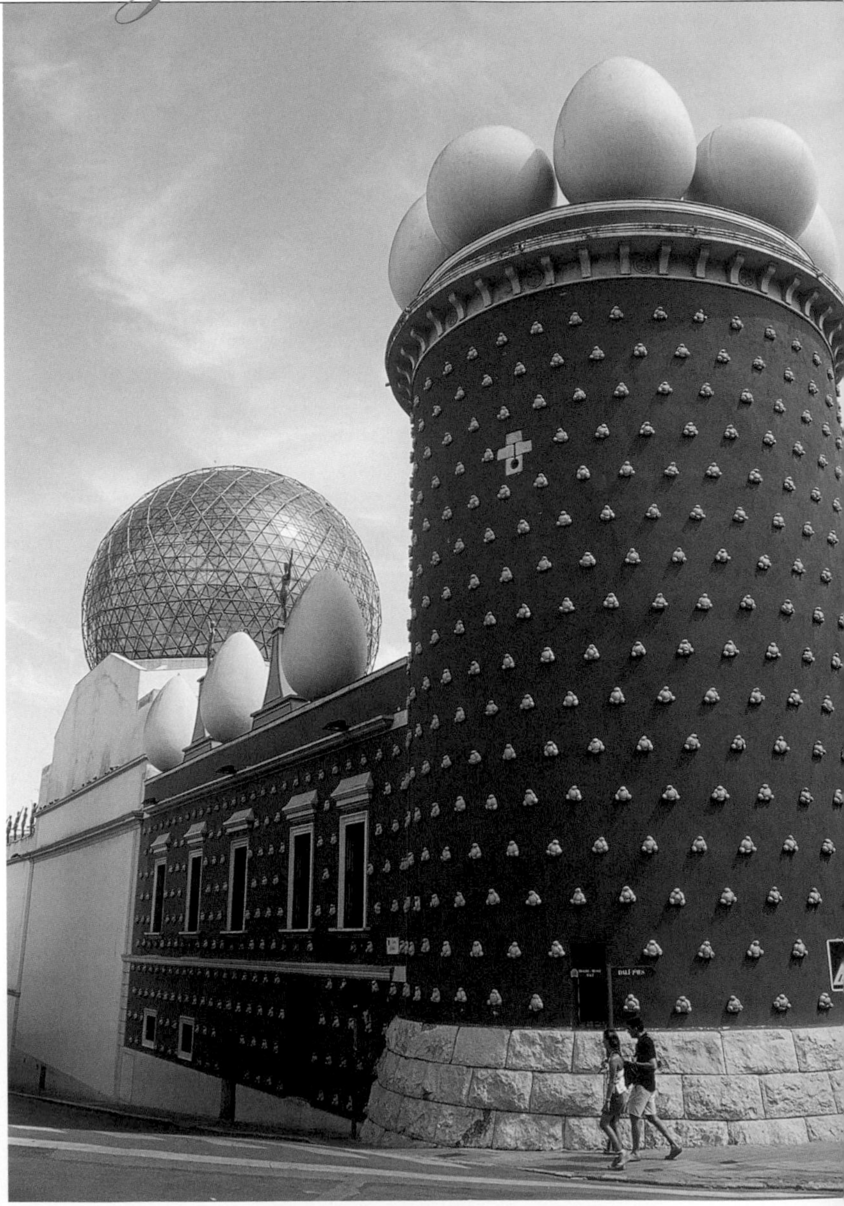

菲傑雷斯，一個離巴塞隆納北方100公里的小鎮。她原本只是一個再平凡不過的地方，卻因世界聞名的超現實派畫家——薩爾瓦多·達利(Salvador Dalı)在這裡出生、去世而聲名大噪。無數喜愛達利作品的藝文愛好者，千里迢迢來到這裡朝聖，而菲傑雷斯也沒讓人失望。達利劇院博物館豐藏了達利生前大量的作品，甚至，達利這位一代巨匠，就長眠在博物館的底下。

地理位置：

- 布拉瓦海岸Costa Brava一帶
- 距離巴賽隆納北方約100公里

旅遊資訊中心：

- Plaza del Sol, s/n 17600 Figueres
- 97.250.31.55
- /www.figueresciutat.com/
- fituris@ddgi.es

進入達利的奇幻王國

達利劇院博物館，一窺畫家創作世界

達利劇院博物館(Dali Theatre-Museum)於1974年改建於菲傑雷斯劇院原址，收藏了達利各時期的代表作品，以及他為劇院博物館設計的裝置藝術作品，例如：梅魏斯特的房間(Mae West Room)等等，是世界上收藏達利作品最豐富的博物館。

從博物館的外觀，就讓人感受得到達利的魔力。整座建築突兀地讓人難以形容，正如達利的畫作帶給人超乎想像的驚奇一般。達利畫作裡的場景、造型奇特的人物、生物，紛紛跳出畫框，成為一座座展示品，充斥在這個奇幻空間裡。

達利劇院博物館參觀注意事項：

平常10:30～17.15，7月～9月09:00～19:15

休 週一(旺季7～9月不休)

97.251.18.00

http www.salvador-dali.org

特產美食

特色建築

特殊景觀

手工藝品

著名景點

小鎮傳說

名人足跡

當地節慶

珍藏達利跨界設計的珠寶首飾

鬼才達利不僅在繪畫、裝置藝術上有著過人天分，他也曾設計過一系列的珠寶作品，例如：以鑽石、珍珠為素材的紅唇胸針；以白金、紅寶石、鑽石打造，饒富埃及神祕風格的「時光之眼」，都在博物館旁的DALÍ．JOIES展出。博物館的販賣部亦販售達利所設計的珠寶複製品，讓廣大達利迷也能擁有大師的作品。

達利，超現實主義大師

達利(Salvador Dalí，1904～1989)出身菲傑雷斯本地望族，他從小就展現了過人的藝術天分。1922年，他離開家鄉到馬德里就讀藝術科系，並結識了著名的詩人羅卡(Federico García Lorca)及電影製片布紐爾(Luis Buñuel)，並開始了他前衛的藝術創作。

1920年，達利前往巴黎，並加入了超現實主義派畫家、雕塑家的行列，在這時期達利創作了不少代表性的作品，例如：家喻戶曉的、把柔軟的時間掛在樹梢上的作品「回憶的堅持」(The Persistence of Memory)，讓他成了超現實藝術的代表。

1929年，達利認識了他美麗的俄羅斯籍妻子葛拉(Gala)，之後葛拉便時常化身為達利畫中人物。為了躲避第二次世界大戰的戰事，達利與葛拉前往美國避難，達利開始從事其他與藝術領域結合的創作，例如：電影、戲劇、歌劇、芭蕾……，並成為世界聞名的藝術家。

1948年，達利返回西班牙，並在Portlligat定居。1970年代開始，達利在家鄉菲傑雷斯創建達利劇院博物館，他親手打造了一座達利的奇幻王國，直到達利去世，劇院博物館也成為這位一代超現實派藝術大師的長眠之地。

领略藝術鬼才
創作魅力……

布拉瓦海岸Costa Brava一帶 56 菲傑雷斯

特產美食

特色建築

特殊景觀

手工藝品

著名景點

小鎮傳說

名人足跡

當地節慶

MAP P.128

>純樸小漁村，吸引畢卡索前來

卡達奎斯

Cadaqués

卡達奎斯，是個位於Cap de Creus半島一個天然海灣的小漁村，吸引了達利、畢卡索(Pablo Picasso)、杜象(Marcel Ducham)、恩斯特(Max Ernst)等藝術大師前來居住，逃脫塵世的煩擾，在純樸秀麗的景色中沉澱自我，尋找創作的靈感。

地理位置：

- 布拉瓦海岸Costa Brava一帶
- 距離菲傑雷斯Figueres東方約40公里

旅遊資訊中心：

Calle Cotxe, 2 A 17488 Cadaqués
97.225.83.15
www.cadaques.org/
turisme@cadaques.org

當小漁村碰上藝術家，藝影翩翩

拜訪這個昔日的純樸漁村，就從走進蜿蜒崎嶇的窄巷開始，小鎮的白色巷道充滿著地中海的風味。1960～1970年代，嬉皮風襲捲歐洲，許多崇尚自由、馳騁靈性的藝術家與知識份子喜歡聚集在卡達奎斯，如今雖已盛況不再，但卡達奎斯今日仍舊吸引不少藝術家、作家在此定居，小鎮仍舊充滿藝文的氣息。小巷內藏著不少獨特的藝廊、精品店，達利與畢卡索的複製畫在此很受到歡迎。

達利與妻子，在此初邂逅

在超現實主義大師達利的眼中，卡達奎斯是世界上最漂亮的村莊，此地在他的生命中充滿了無數值得紀念的時刻。達利的第一個藝術工作室就是在卡達奎斯成立的，他在此度過少年時光，也在這裡遇見了他摯愛的妻子葛拉，並且在晚年與葛拉居住於附近的里加特港(Port Lligat)；在達利的作品裡，時常以卡達奎斯一帶的海灘風景作為雛形。此外，達利意氣風發的雕像，就佇立在卡達奎斯的廣場中央。

華麗教堂與白色賭場

沿著小鎮往上爬坡，可看見建於16～17世紀的聖瑪麗亞教堂(Santa Maria Church)就位在小山丘上。這個美麗的小教堂，曾出現在畢卡索等多位大師的畫中，教堂內氣氛莊嚴，華麗的巴洛克祭壇引人注目。此外，因著Cap de Creus半島的屏障，卡達奎斯有著寧靜優美的海灘，海灘旁邊有間白色的賭場(Casino l'Amistat)，這裡是村民習慣聚集的地方。在寒冷漫長的冬夜裡，村民們喜歡來到這裡玩一種類似賓果的la Quina遊戲，此賭場是當地人消磨時間的好去處。

西班牙 SPAIN

58

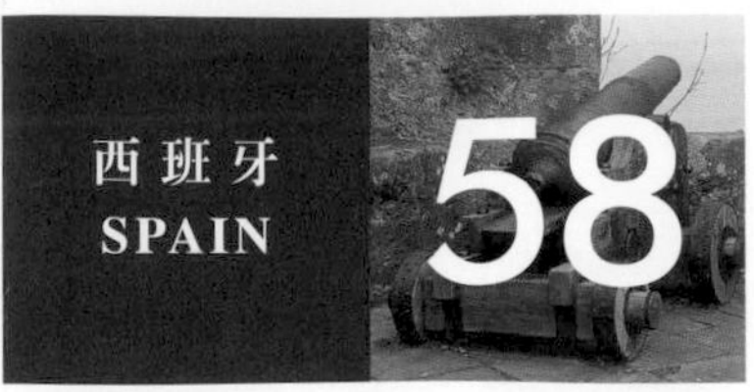

>畢爾包地區規劃最佳度假勝地

聖·賽巴斯汀

San Sebastián

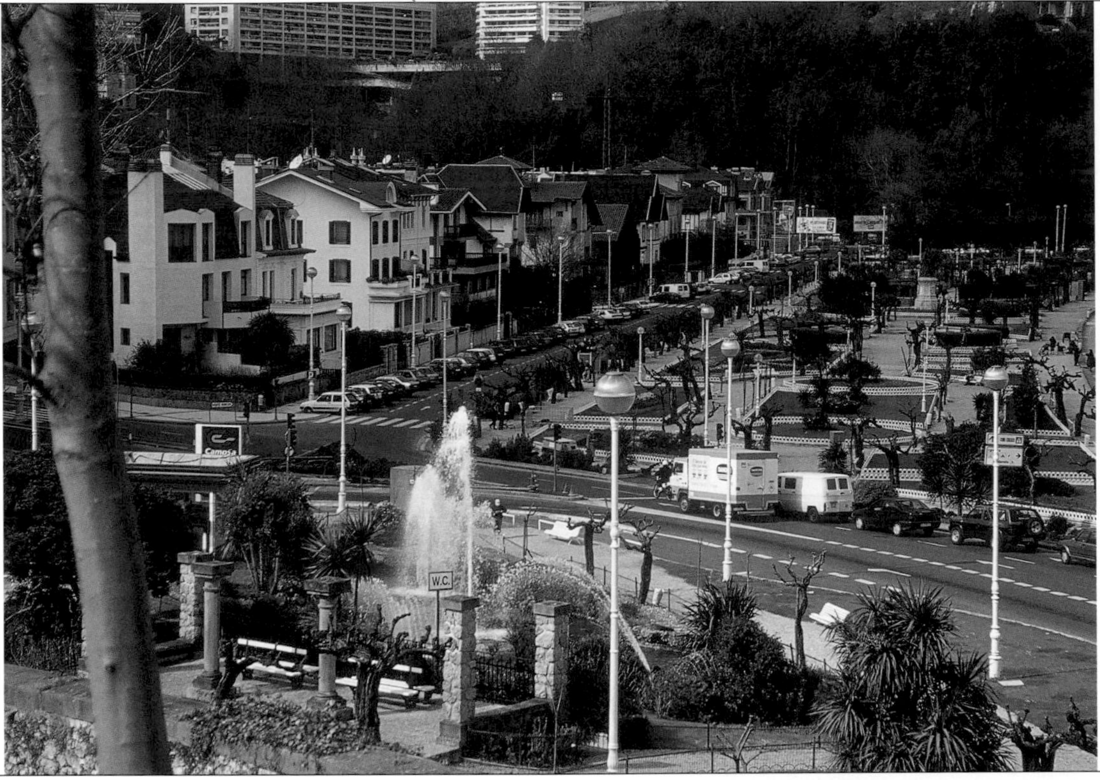

離法國邊境只有20分鐘車程。近臨地中海岸的聖·賽巴斯汀，位於兩山之間(Monte Urgull, Iguelda)像貝殼形的海灣，布滿柔軟的白色沙灘，每到夏季，西班牙、法國等地的旅客就如候鳥般，紛紛來到此地避暑。

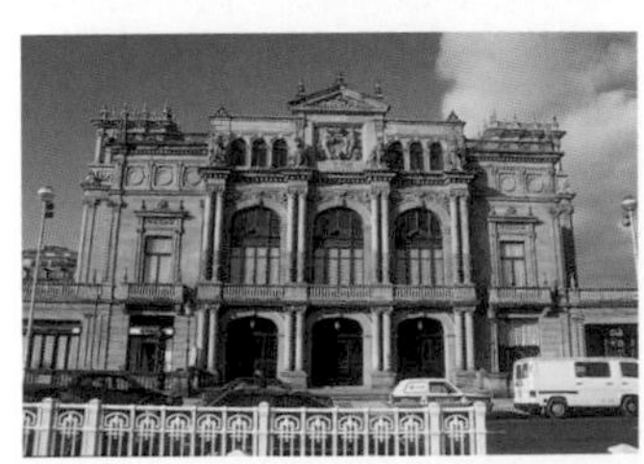

一個個慶典輪番上陣，為聖·賽巴斯汀揭開歡慶夏天的序幕，國際爵士樂、電影節、巴斯克民俗節、高爾夫網球比賽、游泳比賽、馬賽、賽車及賽船……甚至不僅是藝文活動，連運動比賽也所在多有。動靜皆宜、琳瑯滿目的節目滿足了不同品味、喜好旅客的需求，也讓聖·賽巴斯汀成了畢爾包一帶，最受歡迎的度假勝地。

Santillana del Mar 聖提拉那・德・馬
Castillo Butrón 布頓城堡
San Sebastián 聖・賽巴斯汀
Torrelavega
Mungia
Bilbao 畢爾包
Frias 佛里亞斯
Berguenda
C.6320 C.6212 C.6313 A-8 E.50 C.629 N.625 A-68

地理位置：

- 畢爾包Bilbao一帶
- 距離畢爾包東方約90公里

旅遊資訊中心：

Calle Reina Regente, 3-20003 San Sebastián
94.348.11.66
www.paisvasco.com/donostia/
cat@donostia.org

塔帕斯Tapas，下酒菜是也

西班牙著名的食物「塔帕斯」(Tapas)，正如英國的酒吧文化，都是人們生活中很重要的一部分。「塔帕斯」是一種類似下酒菜的總稱，西班牙人喜歡在下班後和三五好友到塔帕斯酒吧喝一杯，一家喝過一家，十分過癮！

聖・賽巴斯汀，也以塔帕斯聞名，因位臨地中海之便，聖・賽巴斯汀的塔帕斯以海鮮為主，包括海鮮、鱈魚、沙丁魚、烏賊、鯷魚等等。當地酒吧裡，五花八門的塔帕斯選擇，真讓人不知從何點起，因為每種看起來都很好吃呢！

國際爵士樂節，風行近半世紀

聖・賽巴斯汀國際爵士樂節已經舉行超過40年，是歐洲地區歷史最悠久的爵士樂音樂節，每年都有重量級的爵士樂團到此演出，無數的樂迷從世界各地蜂擁而至，只為親炙知名樂團的風采，陶醉在悠揚的爵士樂曲中。

聖・賽巴斯汀國際爵士樂節：

http www.jazzaldia.com

>軍事堡壘蛻變成博物館

布頓城堡

Castillo Butrón

城堡變博物館，來趟知性之旅

布頓城堡像座童話世界裡的城堡，她被一座林木蔥鬱、花草扶疏的植物園所包圍，矗立在一片可人的花園之中。走進城堡內部，最讓人印象深刻的，是整座城堡有著非常完善的導覽設計，遊歷其中彷彿進行了一趟知性的歷史之旅。

城堡裡的每個房間，都有多媒體圖片、燈光和音效，向遊客介紹每個房間以往的主要用途是什麼，也會有很多小朋友來此參與戶外教學活動。每到夏季的夜晚，城堡四周會打上燈光，還會舉行穿著中世紀服飾的主題晚宴，活脫是座將古蹟轉化為寓教於樂的博物館典範。

布頓城堡距離畢爾包只有約20公里，它原本是一座13世紀的古堡，約莫在16世紀左右，成為巴斯克人的重要堡壘，並經歷了領主、貴族間的血腥黨派鬥爭；後來，布頓城堡隨著時代的變遷失去了它重要的地位，漸漸地荒廢，直到19世紀才修復，後來在西班牙政府妥善的規劃下改建為博物館。

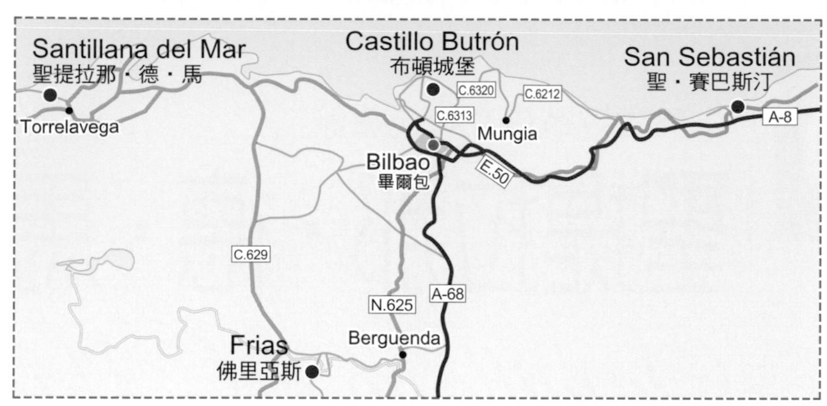

地理位置：

- 畢爾包Bilbao一帶
- 距離畢爾包北方約20公里
- 位在Sondika機場附近

旅遊資訊中心：

94.615.11.10

www.kender.es/~butron/

宛如走進童話世界裡的城堡

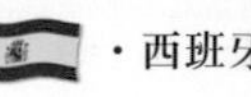

西班牙
SPAIN

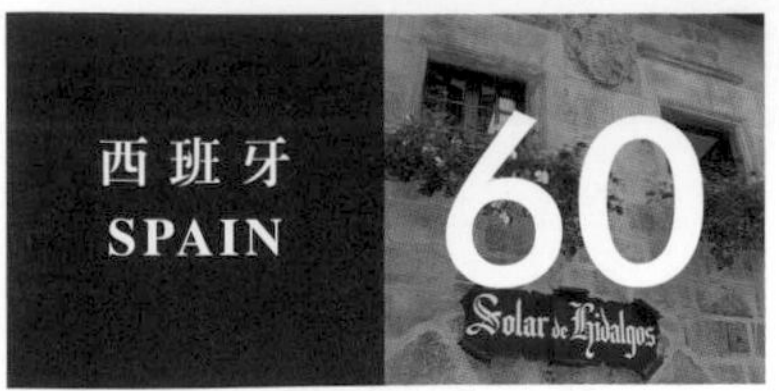

>歷史古蹟變身特色旅館

聖提拉那·德·馬

Santillana del Mar

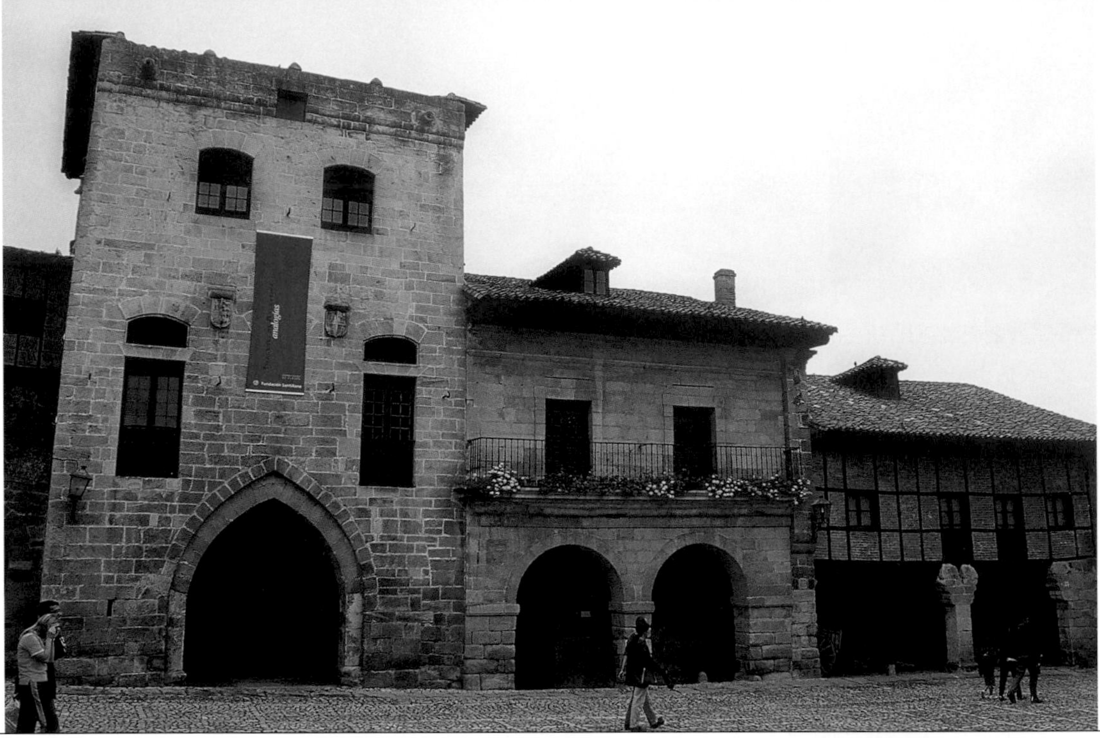

聖提拉那·德·馬，是西班牙康塔布里亞(Cantabria)地區一帶最重要的歷史古城，城內有許多防禦性的高塔、文藝復興時期的房舍。走在聖提拉那·德·馬這個小鎮中，時光彷彿靜止於中世紀，整個村落只有兩條主要街道，兩旁盡是15～17世紀的房舍，家家户户都有著以鍛鐵裝飾的陽台，牆上雕刻著頂飾或紋章，而且充斥著藝術家的個人工作室，以展現傳統手工藝；小鎮廣場上有街頭藝人表演，可說是個洋溢藝術氣息的小鎮。

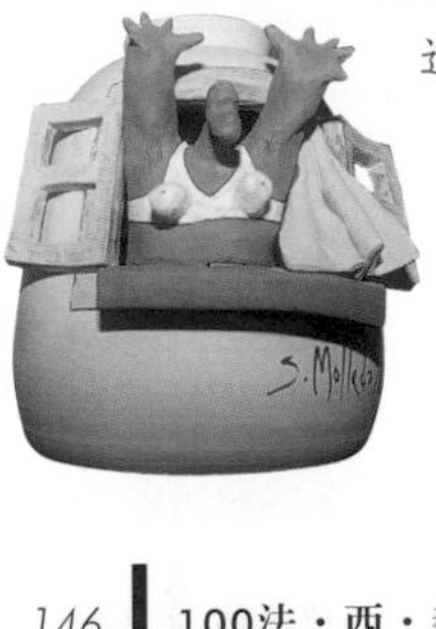

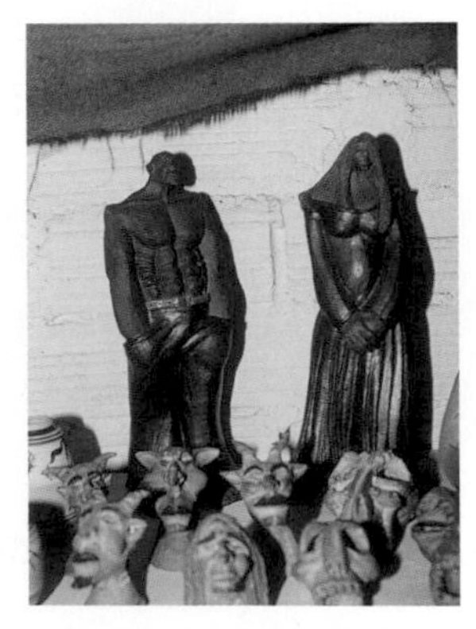

Santillana del Mar
聖提拉那・德・馬
Castillo Butrón
布頓城堡
San Sebastián
聖・賽巴斯汀
Torrelavega
C.6320
C.6212
C.6313
Mungia
A-8
Bilbao
畢爾包
E.50
C.629
N.625
A-68
Frias
佛里亞斯
Berguenda

地理位置：

・畢爾包Bilbao一帶
・距離畢爾包西方約135公里

旅遊資訊中心：

Jesus Otero, 20-39330 Santillana
94.281.82.51 / 94.281.88.12
santillana@cantabria.org

古代巨宅變身國立古蹟

在聖提拉那・德・馬這座瀰漫中世紀風情的小鎮裡，有幾棟建築值得細細品味。其中，以前領主宅邸**Casa del los Barreda Bracho**改建的國營旅館(**Paradores**)，最能呈現出卡塔隆尼亞地區的建築特色。這座建築物不僅美麗，且巧妙地與當地自然景觀融合，是西班牙的國立古蹟，遊客可在這裡體驗如置身桃花源般的寧靜時光。另外，小鎮內的**Casa Villas**、**Casa del los Hombrones**、**Casa del los Velarde**，則都是**16**～**18**世紀的代表性建築。

古堡變旅館，風情處處

歷史悠久的西班牙，擁有許多美麗的城堡、修道院、豪宅，隨著時代變遷，這些富有歷史傳統的建築，其過往風華已去，西班牙政府為了幫助這些日漸衰敗的建築古蹟籌措修繕費用，因而將這些文化遺產搖身一變，成了具有特色的旅館。

這種古蹟旅館叫做**Paradores**，意即將古老的城堡、修道院重新打造，結合原有建築特色，以及便利的現代化設備，整修為舒適的旅館，開放給大眾體驗中世紀的風情，也讓這些古蹟不再日漸衰敗，而能與休閒產業結合，活化它的功能，也為住客帶來更多、更新奇的文化體驗。

http 西班牙國營城堡旅館：www.parador.es

西班牙
SPAIN
61

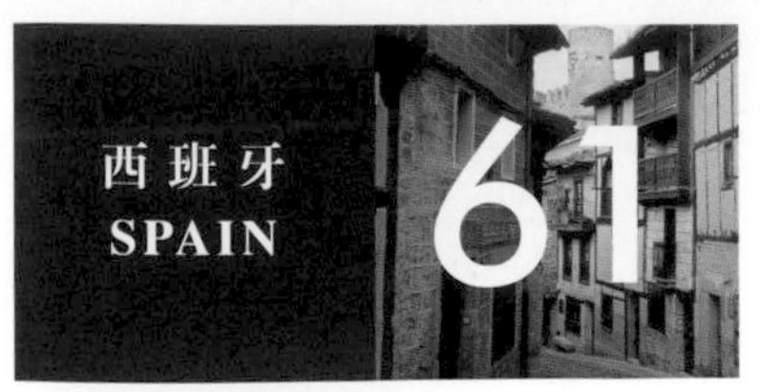

>軍事造鎮，充滿肅殺氛圍

佛里亞斯

Frías

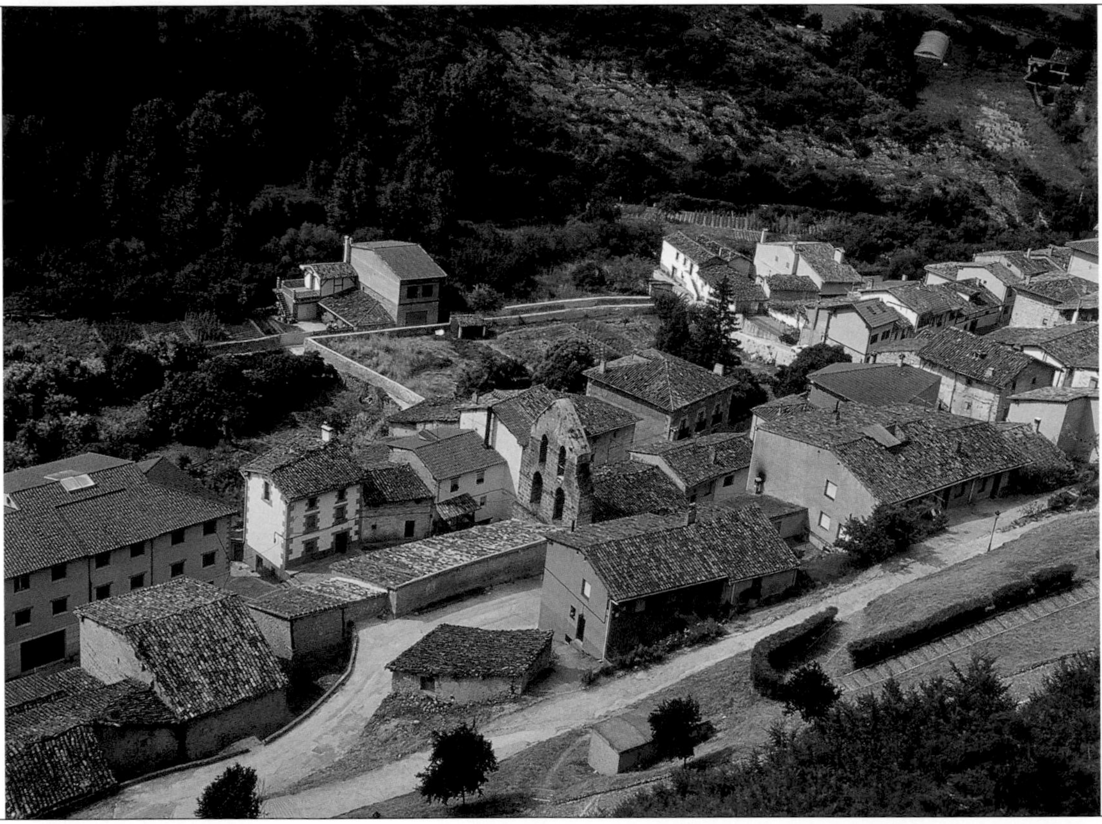

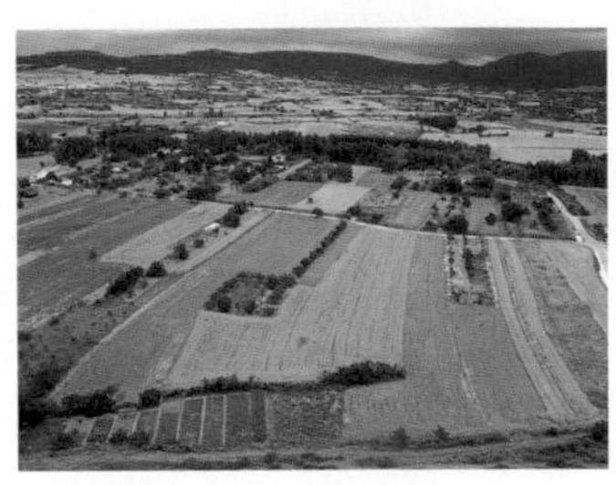

開著車前往佛里亞斯的路上，經過了幾個景色秀麗的山中湖，一片山光水色的美景引人入勝，接近目的地前，一座山城映入眼簾。西元9世紀，阿爾方頌八世(Alfonso VIII)為了加強Castile與Navarre邊境之間的安全，在佛里亞斯一帶的河谷興建了村莊，並鼓勵人民遷移到此地居住，迄今，佛里亞斯尚可窺探出當時的城鎮布局，沿著山壁而築的古老房舍，保存著濃厚的中世紀氛圍。

地理位置：

- 畢爾包Bilbao一帶
- 距離布爾戈斯Burgos西方約76公里

旅遊資訊中心：

Parque Alfonso VIII, s/n. 9211 Frias

94.735.80.11

www.ciudaddefrias.com/

turismo@ciudaddefrias.com

佛里亞斯公爵城堡，已有700多年歷史

佛里亞斯公爵城堡(Castle of Los Duques de Frias)盤踞在小鎮的山丘上，俯瞰著整個托巴利那(Tobalina)河谷，城堡有三個從13世紀保存至今的窗框，雕刻著當時馬背上的羅馬勇士與栩栩如生的鳥兒。城堡建築還包括一座高塔及花園，並且由護城河包圍，角落四周設置有砲台。

佛里亞斯勇士節，紀念堡家衛國勇士 The Festival of the Captain

每年西班牙慶祝聖約翰日(Saint John's day)的前夕，佛里亞斯鎮上都會依照傳統，舉行特別活動來紀念在15世紀時誓死保衛家鄉的勇士。當時，卡斯提爾人(Condestables de Castilla)覬覦佛里亞斯，並準備接收這個城鎮，當地一名勇士將村民組織起來，發動了保衛家鄉的戰爭來對抗卡斯提爾人，為了紀念這一段歷史，每年佛里亞斯居民會圍著佛里亞斯公爵城堡舉行遊行活動，並選出一名勇士，入夜之後，他將穿著中世紀的服飾，揮舞著旗幟，沿著小鎮的街道遊行，並接受全村民的夾道歡呼。

特產美食

特色建築

特殊景觀

手工藝品

著名景點

小鎮傳說

名人足跡

當地節慶

馬德里Madrid一帶

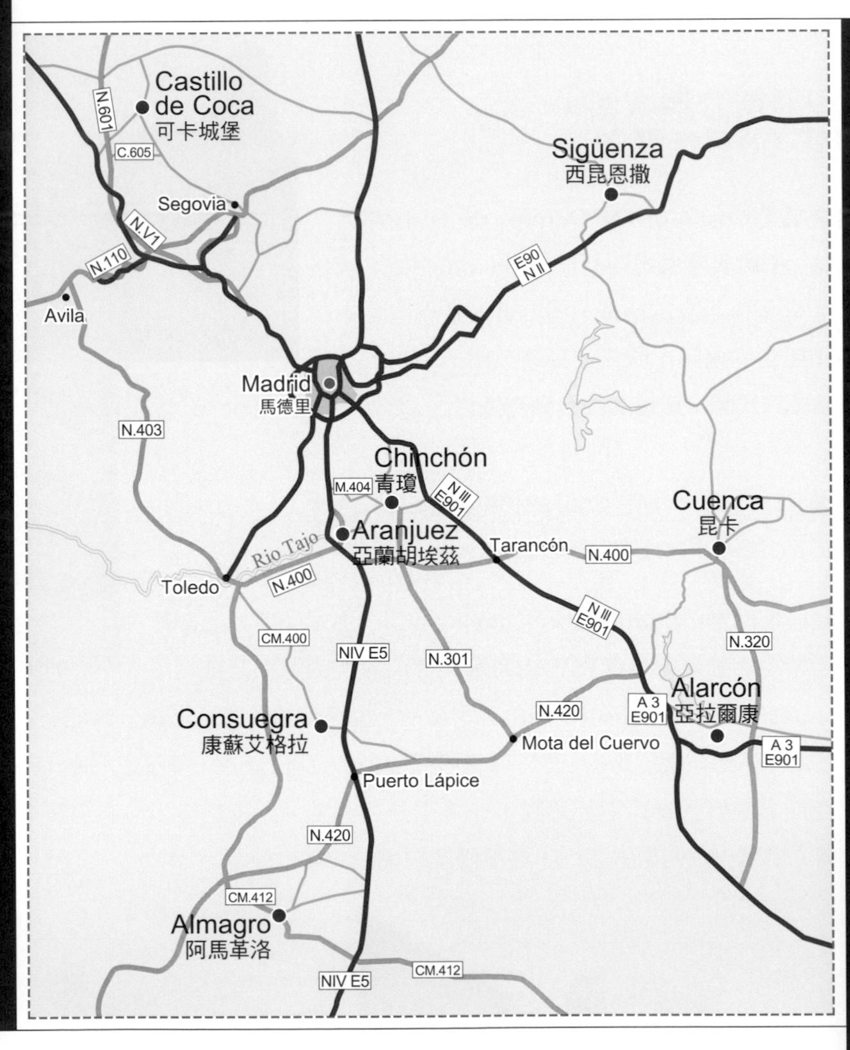

西班牙
SPAIN 
62

MAP P.150

>入住高山上的城堡旅館

亞拉爾康

Alarcon

從馬德里開車到亞拉爾康約1個半小時，此鎮位於西班牙中部，彎曲的猶卡河(Rio Jucar)河道包圍著這座古城，小鎮座落於200英尺高的懸崖上，傲視著一片歷經羅馬、阿拉伯人統治的平原。

古老的城牆，包圍著這座歷史悠遠的小鎮，狹小的巷道、石造的房舍、宛如居民生活舞台的廣場與教堂……，無一不從繁華歸於寧靜，等待著到訪的旅客，用一步步的足跡，來探索她的美。

地理位置：

- 馬德里Madrid一帶
- 距離馬德里東南方約190公里
- 距離昆卡Cuenca南方約80公里

旅遊資訊中心：

✉ Calle Posada, 6-16412 Alarcón

☎ 96.930.03.01 / 96.933.03.54

方形塔樓 鋸狀城垛

石造房舍 遠離塵囂的小鎮

亞拉爾康古堡旅館，充滿軍事氣氛

亞拉爾康古堡在西元8世紀原本是摩爾人的軍事堡壘，如今的古堡是由阿爾方頌八世(Alfonso VIII)在原先的阿拉伯堡壘上改建而成。古堡建築本身就是一個見證歷史的古蹟，它最具特色之處，在於那方形的塔樓、碉堡上鋸狀的城垛，以及內部的裝飾，充分呈現了它所經歷的軍事過往。經過縝密的裝修之後，亞拉爾康古堡搖身一變，成了小而精緻的Paradores國營旅館。

旅館將現代的建材與舊有的結構巧妙融合，並以紅與橙兩種鮮豔的顏色作為主調，在不破壞珍貴歷史價值的原則下，將空間活化利用，成為旅客暫逃塵囂的一座寧靜歇腳處。旅館有些房間相當有特色，像是6英尺厚的石牆，會讓人感覺住在山洞裡頭；此外，古董、畫作、兵器，也將旅館布置得充滿中世紀氣氛。

亞拉爾康古堡旅館參觀注意事項：

Avda. Amigos de los Castillos, 3. 16213. Alarcon , Cuenca

969.33.03.15

FAX 969.33.03.03

@ alarcon@parador.es

西班牙 SPAIN

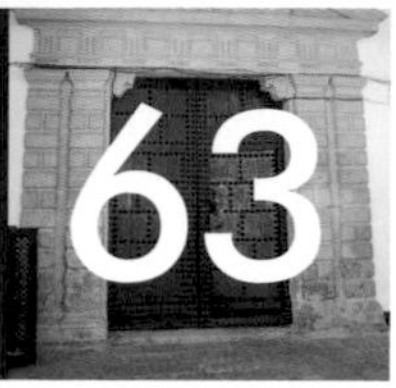

63

MAP P.150

>宗教家、資本家先後進駐

阿馬革洛

Almagro

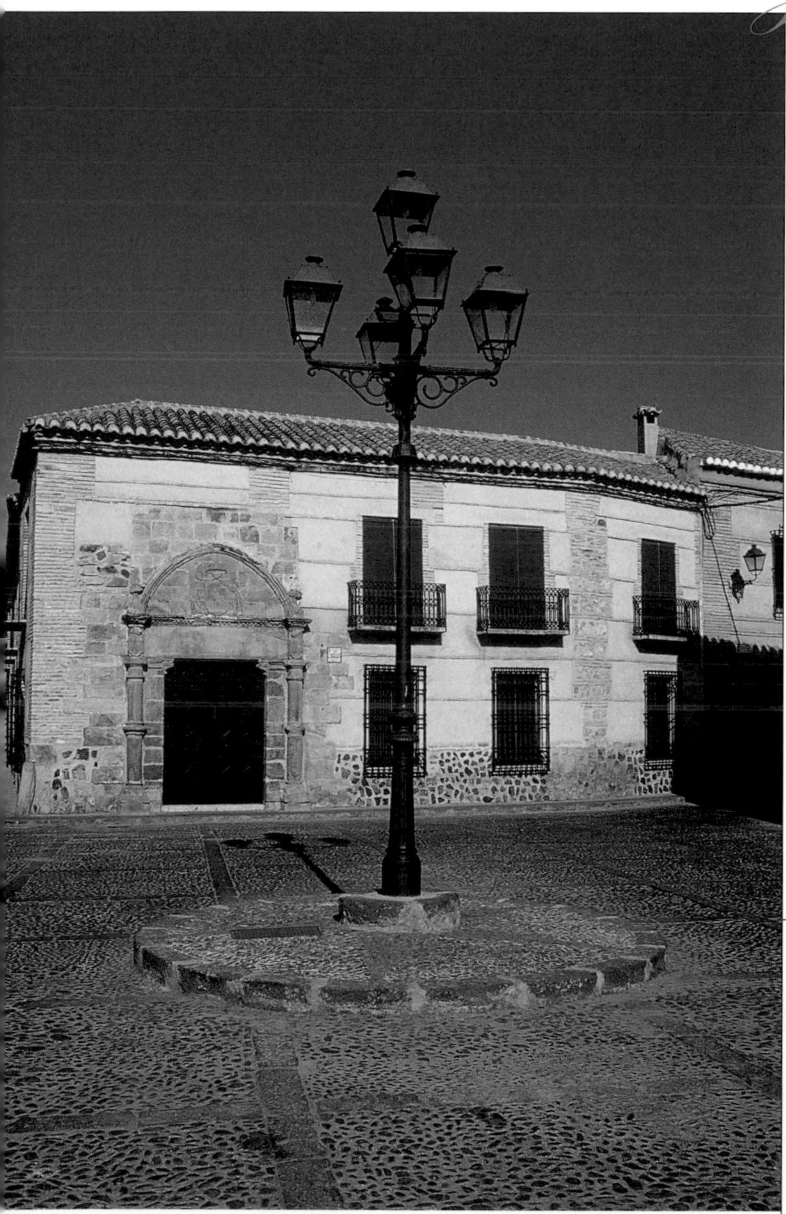

中世紀時，西班牙的基督教勢力興起，並試圖從信奉伊斯蘭教的摩爾人手中奪回土地，阿馬革洛這個地方，就是當時卡拉特拉華騎士團(Order of Calatrava)的根據地，騎士團並在這裡修建了卡拉特拉華堡壘，定阿馬革洛為首都。隨著騎士團的沒落，進駐阿馬革洛的，是一批富有的資本家，例如福格斯(Fuggers)、威爾瑟(Welser)等人，他們開採附近地區的礦產，並對阿馬革洛的建設貢獻不少心力。

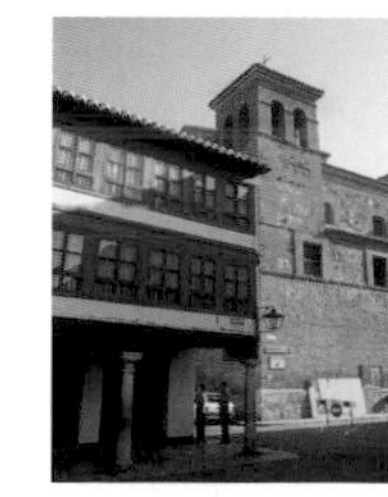

地理位置：

- 馬德里Madrid一帶
- 距離馬德里南方約120公里

旅遊資訊中心：

- Plaza Mayor, 1-13270 Almagro
- 92.686.07.17
- www.ciudad-almagro.com/
- turismo@ciudad-almagro.com

特產美食
特色建築
特殊景觀
手工藝品
著名景點
小鎮傳說
名人足跡
當地節慶

卡拉特拉華堡壘，曾是騎士團總部

儘管卡拉特拉華堡壘(Calatrava la Nueva)已成了頹圮的遺跡，但可別小看這座孤立在山丘上的堡壘，當年卡拉特拉華騎士團不僅將它從摩爾人手中奪回，還成了他們運籌帷幄、呼風喚雨的總部。後來，堡壘被改建成修道院，19世紀初的一場地震重創了它，現在只能憑著想像，遙想堡壘修道院的風華。

大廣場，充滿藝術建築

阿馬革洛小鎮以大廣場(Plaza Mayor)為中心，廣場周圍的建築都相當有代表性，像是露天劇場、國立劇場博物館，以及市政廳。小鎮的露天劇場已經被列為西班牙古蹟，這是個16世紀西班牙黃金時期的典型劇場建築，從劇場的廊柱、舞台及後台，都可讓人憑弔想像當年的盛況，不僅如此，每年還有國際古典戲劇節在這個古老的舞台上演出。國立劇場博物館則是西班牙拉曼查(La Mancha)地區一帶典型的傳統建築，有著許多和戲劇相關的收藏。而市政廳最值得一瞧的，則是羅馬時期的銘碑。

西班牙
SPAIN
64

MAP P.150

> 巧妙融合自然與人文景觀

亞蘭胡埃茲

Aranjuez

特產美食

特色建築

特殊景觀

手工藝品

著名景點

小鎮傳說

名人足跡

當地節慶

亞蘭胡埃茲小鎮位於一片廣闊翠綠的山區，有著自然的山景、古老的歷史建築，以及1561年菲利浦國王二世(King Philip II)於塔荷河(Tajo River)畔修建的馬德里皇宮。

自然景觀與人文建築的巧妙融合，使亞蘭胡埃茲以她完美的「文化景觀」(Culture landscapes)，得到聯合國教科文組織(UNESCO)的認可，將之歸於世界遺產，作為全人類珍貴的文化資源。

地理位置：

- 馬德里Madrid一帶
- 距離馬德里南方約45公里

旅遊資訊中心：

Plaza de San Antonio, 9-28300 Aranjuez
91.891.04.27
www.aranjuez.org/

充滿巴洛克風格的馬德里皇宮

全人類所珍視的世界遺產

馬德里皇宮，西班牙皇室避暑勝地

馬德里皇宮(Palacio Real)位於塔荷河的左岸，作為皇家避暑勝地的它，處處流洩沁涼的噴泉及栩栩如生的雕像，如今夏宮的本體已經改建成博物館，建築本身充滿華麗的巴洛克風格，而裡頭各式的珍奇古董收藏、雕花的家具，以及琳瑯滿目的歐洲風、東方風油畫……，這一切都讓人體驗到皇室一族的無上尊貴。

皇宮外一片青翠的綠意，無論搭乘電動小火車或浪漫馬車遊園，映入眼簾的是漫天鋪地而長的花朵，朵朵爭奇鬥豔，耳邊傳來的是源源不絕的淙淙水流聲，待在這個宛如遠離塵囂的樂園，夏日的無情驕陽，的確絲毫無用武之地。

馬德里皇宮參觀注意事項：

🕒 平常10:00～17:15(設有付費導覽服務)，4月～9月10:00～18:15

休 週一,1/1, 1/6, 5/2, 5/30, 8/15, 9/5, 12/25, 12/26

西班牙音樂家羅德里哥，也愛皇宮

西班牙國寶級吉他音樂家家羅德里哥(Joaquin Rodrigo)自小失明，但他靠著天賦的創作才華，譜出一首首家喻戶曉的名作，其中以馬德里皇宮美麗的景色為靈感所作的《亞蘭胡埃茲吉他協奏曲》，不僅因為在當時為內戰中的西班牙人帶來安慰，而被喻為吉他界的國歌，更是少數被列為音樂會標準曲目的吉他樂曲。

MAP *P150*

>放送鬥牛熱力

青瓊

Chinchon

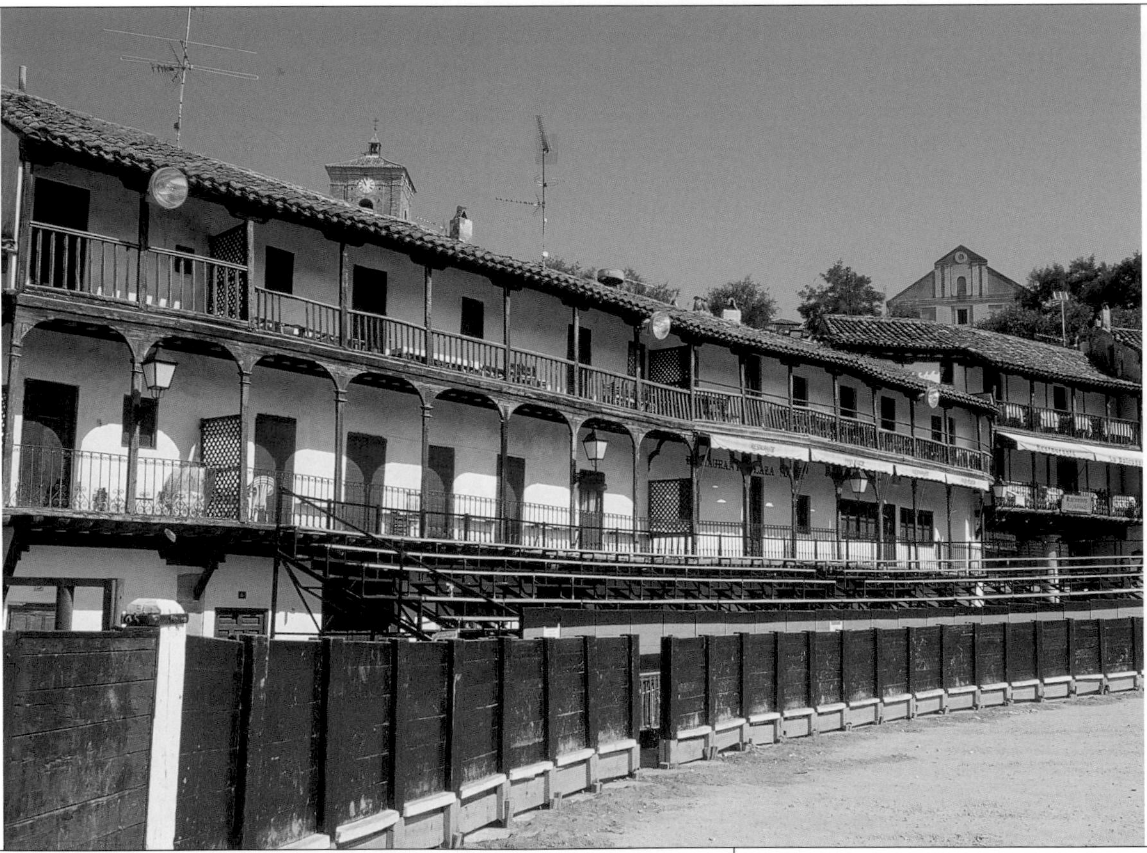

青瓊距離馬德里約45公里，是一個很有個性的中世紀小鎮。當清晨曙光乍現，照耀在這座宛如被歷史遺落的15世紀古城，脫俗的古鎮風貌深深吸引旅人的目光。小鎮中心的大廣場(Plaza Mayor)周圍充滿民居，活潑的庶民生活在此展現無遺，也醞釀出小鎮著名的鬥牛活動。每當鬥牛士的紅旗揚起，便會讓人隨著當地居民高昂的情緒，融入這個古鎮的傳統與活力。

地理位置：

- 馬德里Madrid一帶
- 距離馬德里南方約45公里

旅遊資訊中心：

Playa Mayor, 28370 Chinchón
91.893.53.23
www.ciudad-chinchon.com/

每當鬥牛士的紅旗揚起，居民情緒隨之高漲

大廣場Plaza Mayor，舉辦鬥牛活動

青瓊小鎮裡最具特色的，莫過於市中心的廣場，這是個不規則形的廣場，四周被三～四層樓高的木屋所圍繞，戶戶開敞著長形的陽台。每年到了鬥牛季，居民便直接將廣場圍起來當作鬥牛場，而周圍的陽台也就搖身一變成了觀衆席，只見身著華麗服飾的鬥牛士，揮舞著手中的紅色布幔，在觀衆此起彼落的加油呼喊喧囂聲中，揭開高潮迭起的鬥牛賽序幕。

除了大廣場之外，建於15世紀的教堂(Iglesia de Ntra. Sra. de la Asuncion)，融合了哥德式及巴洛克時期的建築風格，祭壇的畫作La Asuncion de la Virgen，係出自西班牙名畫家哥雅(Goya)之手。

特產美食

特色建築

特殊景觀

手工藝品

著名景點

小鎮傳說

名人足跡

當地節慶

西班牙
SPAIN

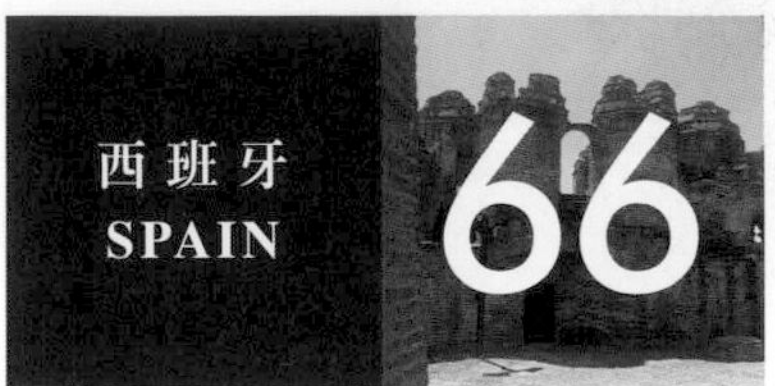

MAP P.150

>極盡奢華的軍事城堡

可卡城堡

Castillo de Coca

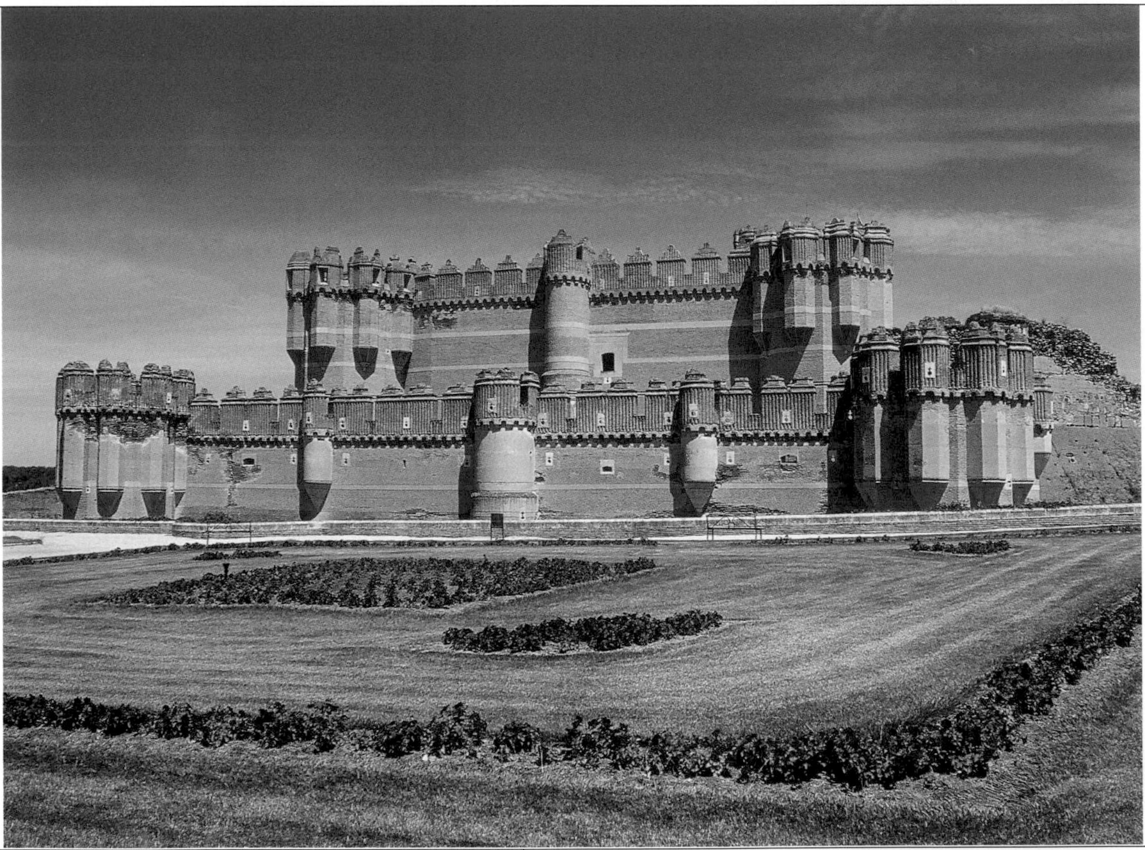

可卡城堡大約建造於西元1400年，用以獻給塞維亞的大主教。此城堡規模龐大，有著宮殿般的華麗內裝，也有著軍事堡壘的堅固，不僅是西班牙境內保存最完整的古堡之一，也是融合了摩爾式的中世紀城堡建築典範及代表。

地理位置：

- 馬德里Madrid一帶
- 位在馬德里西北方附近

旅遊資訊中心：

☎ 61.757.35.54

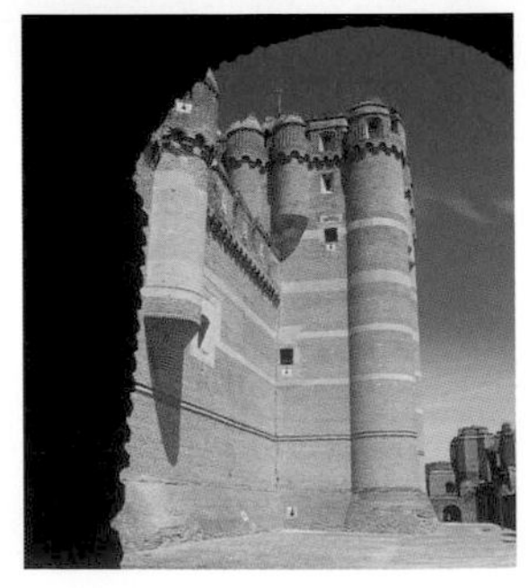

可卡城堡：受阿拉伯文化影響

當陽光照耀在可卡城堡的磚砌城牆上，整座古堡成了一片金黃，在這樣的氣氛下跨進城門，彷彿走進了時光隧道，來到古老的中世紀。

可卡古堡有著完整的軍事堡壘布局，由穩固的城牆、壕溝所包圍，提昇了城堡的防禦能力；城堡的內部裝潢，融合了西方與阿拉伯的元素，處處金碧輝煌、精雕細琢，散發出奢華的宮廷風格，其豪華風格因而使它在西班牙諸多軍事堡壘中脫穎而出，受到歷代國王的喜愛，以及現代遊客的青睞。

西班牙
SPAIN

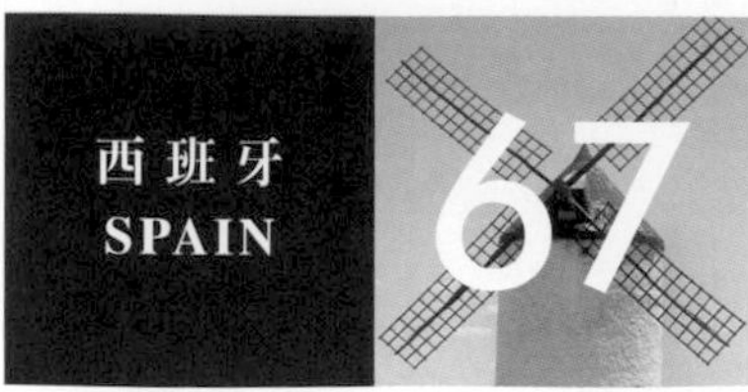

MAP P.150

>唐吉軻德，來此追夢

康蘇艾格拉

Consuegra

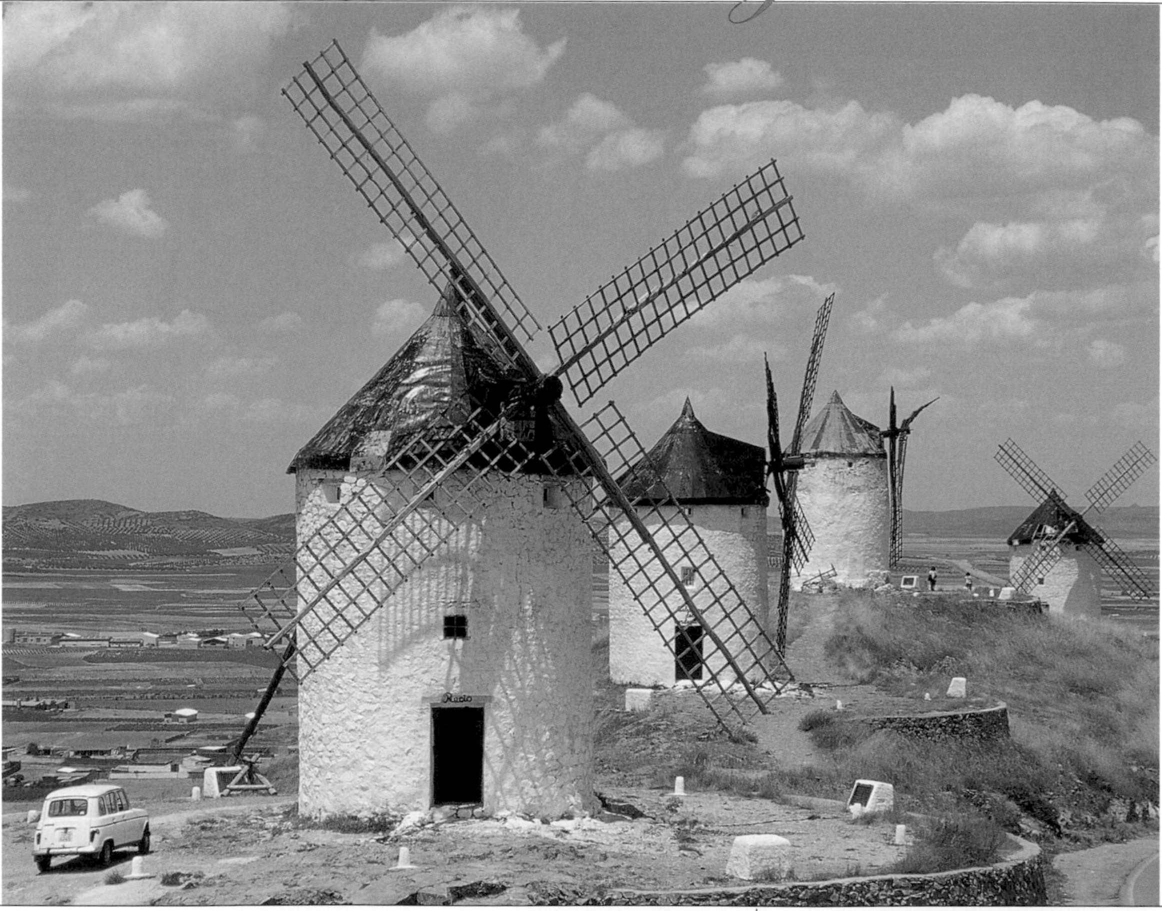

阿拉伯人稱康蘇艾格拉為「乾燥的土地」，貧瘠的平原上，沒有絲毫的綠意，只有強勁的風在耳邊呼嘯著，居民在能源缺乏的情況下，在此豎立起一座座的風車作為天然的動能，而風車後方則有一座頹圮的城堡獨自孤立於山丘上。

地理位置：

- 馬德里Madrid一帶
- 距離馬德里南方約125公里

旅遊資訊中心：

- Calle Cerro Calderico, s/n 45700 Consuegra
- 92.547.57.31
- www.aytoconsuegra.es/
- ofturismo@aytoconsuegra.es

風車小鎮，獲文學家青睞

西班牙大文豪賽凡提斯(Miguel de Cervantes Saavedra)膾炙人口的名作《唐吉軻德》最經典的一段情節之一，便是以康蘇艾格拉的風車為場景，內容敘述從沒見過風車的唐吉軻德，第一次見到巨大的風車，以為它是巨人，並對它發動攻擊。後來，荒涼的康蘇艾格拉因為唐吉軻德這號小說中的人物而聲名大噪，成了旅客追尋這位顛狂騎士足跡的熱門景點。

賽凡提斯與唐吉軻德

出生於1547年的賽凡提斯，被喻為西班牙最偉大的作家。讓他流名青史的著作，莫過於《唐吉軻德》一書。小說中的主角唐吉軻德，是位上了年紀、來自鄉下的窮仕紳，他因為對中古世紀的騎士英勇故事太過著迷，立志成為奉行騎士精神的勇士，最後終於穿起破盔甲，騎上年老力衰的馬，步上他的騎士之路。因他的想法無知又天真，而在一路上發生了許多可笑的事情，在旁人看來，唐吉軻德簡直是個精神錯亂又顛狂的人，但他仍一秉自己的堅持與熱情，朝著自己的夢想邁進。唐吉軻德的故事不僅巧妙諷刺了當時不合理的制度，也藉他瘋狂追求夢想的情節，看到了人性中可貴的一面。這是一本寓人性於荒謬故事的好書，充滿發人省思的人生哲理，相當耐人尋味。

西班牙
SPAIN

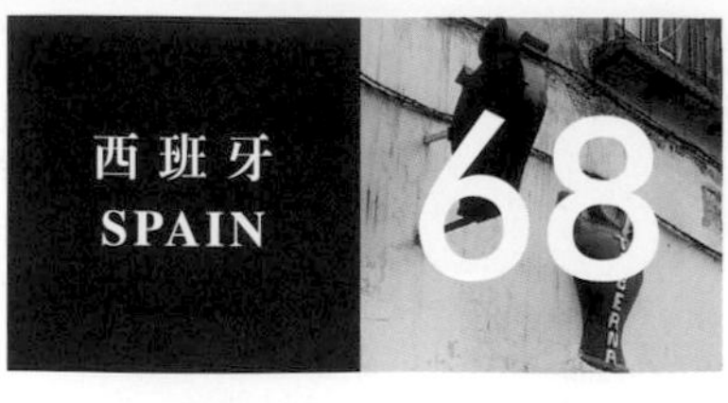

MAP P.150

>山崖絕壁的懸吊屋奇景

昆卡

Cuenca

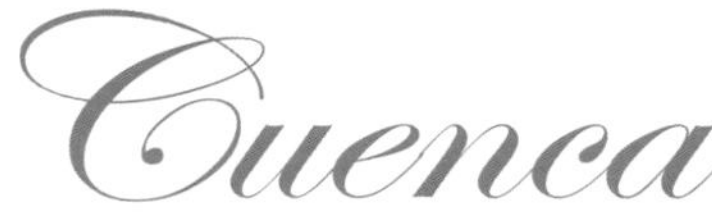

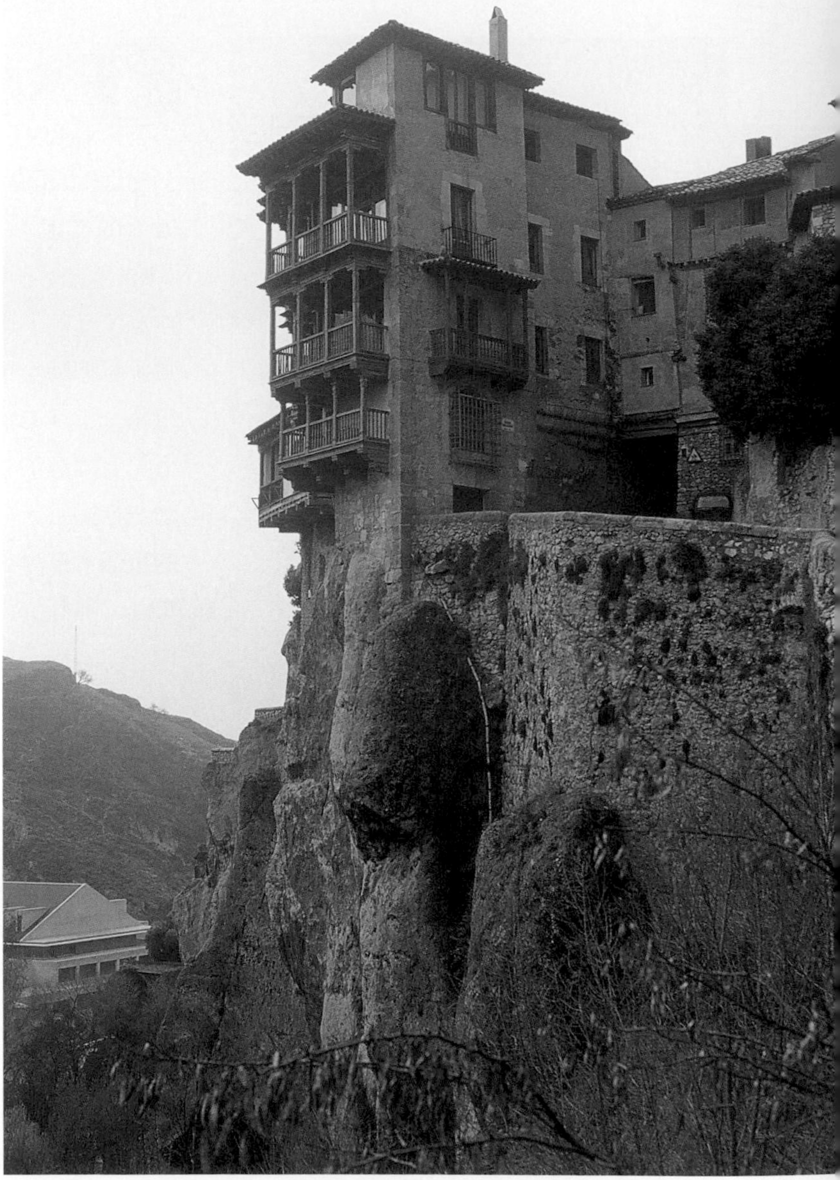

昆卡位於馬德里東方約170公里，第一眼看到她的遊客，無不震驚於眼前所見的景象。這是一座詭異的古城，一排排當地人稱之為「懸吊之屋」(casas colgadas)的房子，建於懸崖絕壁的邊緣，盤踞在高處，俯瞰著Huecar與Jucar兩條河流，並成了昆卡的象徵。

「一座特別的中世紀防禦古鎮，保存著完整的原始城鎮景觀，並融合了周遭田園與自然地景……」聯合國教科文組織對昆卡下了如此的評價，並將之納為人類世界遺產之一。

地理位置：

- 馬德里Madrid一帶
- 距離馬德里東方約170公里

旅遊資訊中心：

✉ San pedro 6-16001 / Dalmancio Garcia Izcara, 8-1-16000

☎ 96.923.21.19 / 96.922.22.31

http www.cuenca.es

懸吊屋聚集的古城區，最迷人

昆卡分為兩個部分——古城區，也就是著名的懸吊屋聚集之處；山腳下的新城區。當然，此鎮最值得一遊的要數迷人的古城區，來到這裡，沿著狹窄彎曲的巷道散步，來到居民的生活中心市政廣場(Plaza Mayor)，發現古老教堂內的美麗哥德式裝飾、精細雕刻，細賞這個靜謐小鎮的風情。

這個位於懸壁上的古城設有許多步道，可讓旅客藉著緩緩漫步，細細品味西班牙的過去與現在。此外，昆卡也曾經是西班牙藝術家索韋爾(Fernando Zóbel)長期定居的地方，他在懸吊屋裡創建了抽象藝術博物館。

抽象畫家索韋爾，定居於昆卡

抽象派畫家索韋爾(Fernando Zóbel)長期定居昆卡，他的名氣雖不比達利、畢卡索等西班牙世界級大師來得高，但在西班牙當代藝壇上確實占有一席之地。

索韋爾雖是西班牙國籍，但事實上他於1924年出生於菲律賓的馬尼拉，在美國受教育，曾因曾脊椎病痛而臥病，也開展了他繪畫上的天分。他的畫風以抽象畫見長，也許是從小受到多元文化的影響，他的畫中似乎流露出一股東方禪式的寧靜。他於昆卡創建了抽象藝術博物館，館內除了他自己的畫作外，還收藏了許多西班牙抽象派畫家的作品。

MAP P150

>歡迎入住古軍事堡壘

西昆恩撒

Siguenza

西昆恩撒雖然不是熱門的觀光景點，但她以保有完整的中世紀風情為傲。山丘上，改建成國營旅館的12世紀古堡，讓人體驗了時光倒流的感受。此小鎮圍著城堡而建，遊人在狹窄的巷道及中世紀的屋舍間探索著，肯定能感受到古老而迷人的氛圍，這裡沒有熙攘如織的遊客，只有一份難得的寧靜。

地理位置：

- 馬德里Madrid一帶
- 距離馬德里東北方約125公里
- 距離瓜達拉哈拉Guadalajara東北方約75公里

旅遊資訊中心：

Paseo de la Alameda. Ermita del Humilladero, s/n 19250 Sigüenza
94.934.70.07 / 94.939.08.27
www.siguenza.com/infogeneral

西昆恩撒古堡，已改建為國營旅館

西昆恩撒古堡(Castillo de Sigüenza)盤踞著絕佳的地理位置，可俯瞰一片自然的田園風光。12世紀，羅馬人在一座阿拉伯的堡壘上，修建了這座西昆恩撒城堡，此城堡並曾經用作主教、國王的城堡，現在則已改建成西班牙的國營旅館(Parador)。寬廣的大廳、雕刻繁複的樑柱，旅館內部處處充滿中世紀的風情，一邊享用旅館提供的道地西班牙餐點，一邊感受一下化身中世紀國王的滋味。

西昆恩撒古堡國營旅館

Pza. del Castillo, s/n. 19250. Siguenza , Guadalajara
94.939.01.00　FAX 94.939.13.64　siguenza@parador.es

大廣場，展現文藝復興建築之美

遊覽西昆恩撒，最佳的起點莫過於從大廣場(Plaza Mayor)開始。此廣場本身就是個典型的文藝復興式建築，仔細觀察其周圍的房舍，則可從細節中窺見不同時期的建築特色，例如：西篤會的教堂有著12～15世紀的圓花窗戶，雄偉的祭壇有著精細的雕刻等等。

古樸的竹編和皮雕

大廣場上的傳統市集，經常有穿著傳統服飾的當地人販賣手工藝品，無論是精美的皮雕、竹編、木工，或精美的鑄鐵……，都能讓人感受西昆恩撒純樸古老的牛活景況。

從生活
看見
藝術之美

>擁有歐洲最美的鐘乳石洞穴

阿拉賽那

Aracena

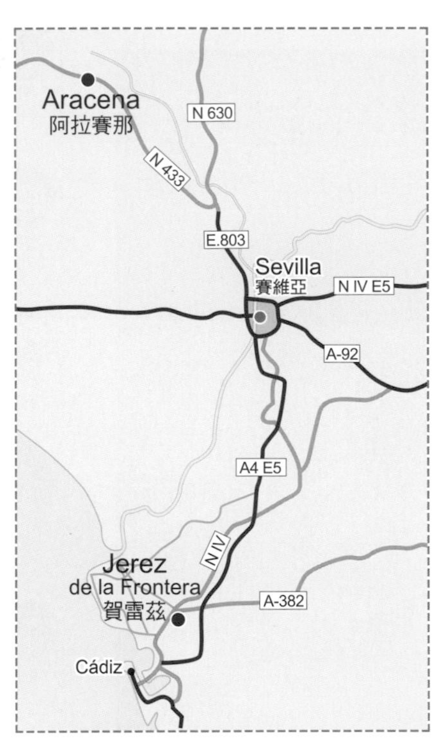

地理位置：

- 賽維亞Sevilla一帶
- 位在賽維亞西北方附近

旅遊資訊中心：

Calle Pozo de la Nieve, s/n 21200 Aracena

95.912.82.06 / 95.911.03.55

梅拉維拉斯洞穴參觀注意事項：

10:00～13:30、15:00～18:00

付費導覽行程：平日每45分鐘一梯次，週末例假日每30分鐘一梯次

阿拉賽那是一個位於高地的迷人小鎮，沿著曲徑爬上山頂，一座遺留了摩爾風格的堡壘，以及聖殿騎士所興建的教堂，都為小鎮增添風采。阿拉賽那除了這些特色建築之外，最值得讓遊客造訪的，莫過於兩點：其一，她擁有全西班牙最大、也是全歐洲公認最美的鐘乳石洞穴——梅拉維拉斯洞穴(Gruta de las Maravillas)；其二，參觀完洞穴之後，還能嚐到以當地山豬肉製成的鮮美火腿。

令人驚嘆的「活」鐘乳石洞穴

梅拉維拉斯鐘乳石洞穴，內部廣達1200平方公尺，包括了6個小湖、12個穴室，有的穴室甚至和一座教堂一樣大。裡頭到處都是形狀奇特的鐘乳石、石筍，在燈光的照射下，更添神祕之感，宛若進入了一個與世隔絕的仙境，美不勝收。現在，梅拉維拉斯終年濕潤，仍是個活洞穴，小水滴不斷地從穴頂滲出，日積月累地繼續打造這座美麗的世外桃源。

美味火腿Jamon，成了下酒菜

長相和中國火腿有點像的西班牙火腿Jamon，是西班牙的特產之一，遊人在許多當地民宅、酒吧、餐廳，都可以看到一隻隻從天花板懸掛而下的風乾火腿。

西班牙火腿最早盛行於西班牙山區，當地人利用乾濕合宜的氣候，將豬後腿經過鹽漬手續，風乾保存。風乾完成的火腿食用時，得將之切成薄片，是一種常見的西班牙料理塔帕斯(即下酒菜)；此火腿味道微鹹，帶著嚼勁與油脂的香味，單吃或夾麵包、配哈密瓜吃，都有不同的風味，更是下酒的良伴。西班牙火腿分成很多等級，以iberico(或可稱為pata negra)為上等，是老饕眼中的逸品。

>甜美雪利酒的誕生地

賀雷茲

Jerez de la Frontera

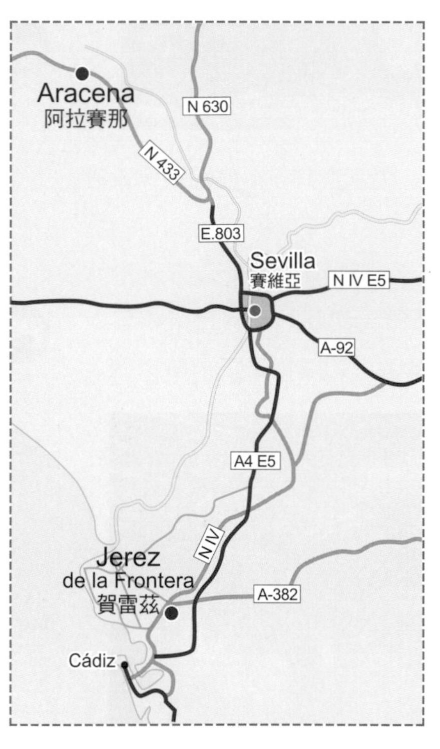

地理位置：

- 賽維亞Sevilla一帶
- 位在賽維亞南方附近

旅遊資訊中心：

Alameda Cristina (junto a los Claustros de Santo Domingo), 11403 Jerez de la Frontera

95.633.11.50

www.turismojerez.com/

turismo2@aytojerez.es

英文中的雪利酒Sherry，在西班牙文中叫作「賀雷茲」——Jerez。沒錯，賀雷茲這個原本不起眼的小鎮，就因為出品這種甘醇甜美的葡萄酒而聞名世界，甚至受到英國大文豪莎士比亞的推崇。賀雷茲不僅如此，她還地靈人傑的出產駿馬、著名的佛朗明哥歌手以及舞者。

西班牙雪利酒，舉世聞名

雪利酒以葡萄釀造，依發酵之後增加不同的酒精濃度，分為不甜(Fino)與甜(Oloroso)兩種口味，其中尤並以安達魯西亞省的雪利酒舉世聞名，以賀雷茲(Jerez de la Frontera)、El Puerta de Santa Maria與 Samlucer de Barrameda形成的黃金三角地帶所出產之雪利酒風味最佳，其獨特的口感是世界上任何地區出產的雪利酒，都無可比擬的。

參觀酒莊，了解製酒

賀雷茲的雪利酒之所以如此出名，來自當地終年的陽光、豐饒的土壤，使得葡萄充滿甜分。這裡分布著許多大大小小的酒莊，在此推薦當地一家著名的Tio Pepe酒莊，可讓人參觀完整製酒過程，以了解雪利酒的製造。在參觀過程中，您或許會看到酒莊的酒桶上有些掛著皇家徽章，代表皇家所御用，或是掛著欲輸往國家目的地的該國國旗。最後，您還可在品酒室裡，藉由品酒師的介紹，細細品嚐不同甜味濃度的雪利酒。

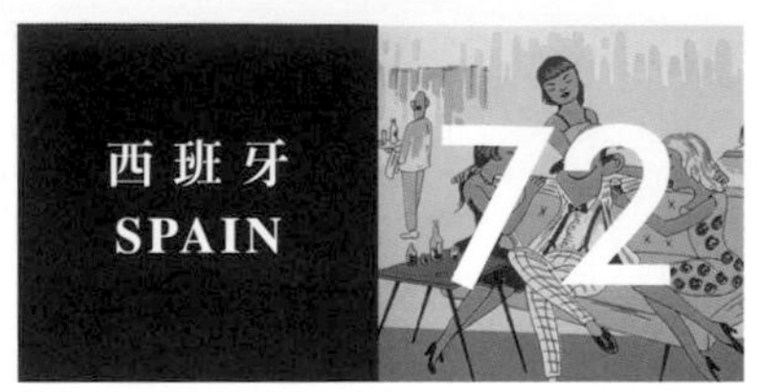

>盡享藍天下的白色浪漫

米哈斯

Mijas

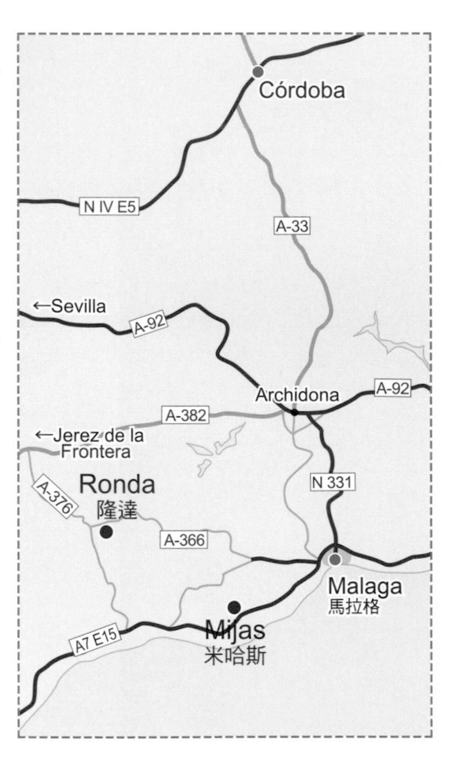

地理位置：

- 馬拉格Malaga一帶
- 距離馬拉格西南方約30公里

旅遊資訊中心：

✉ Avenida Virgen de la Pena, s/n 29650 Mijas
☎ 95.258.90.34 / 95.248.59.00
http www.mijas.es/
@ turismo@mijas.es

西班牙南部地中海沿岸，終年陽光普照，為了避免讓屋內的溫度升高，當地居民將屋舍漆成白色，以利於反射陽光，但這種藍天下的白色村落，卻成了地中海的特殊風情。

可愛白色小屋間 有陽台上的鮮豔五彩花朵加以點綴

米哈斯的吉祥物——驢子

安達魯西亞地區的白色村落，以米哈斯為代表，因此米哈斯又被稱為「白色之城」(Villa Blanca)。沐浴在地中海豔陽下的白色村莊米哈斯，讓每位到訪的旅客無不愛上這藍白相間的浪漫，無可自拔。

出品美麗磁盤、瓷磚吊飾、驢子布偶

米哈斯小鎮藝品店，販賣著融合了伊斯蘭風格的彩繪磁盤，以及印有羅馬拼音字母的磁磚吊飾，能讓人拼湊出自己的姓名掛在家門。此外，滿城可見的驢子，也意外成了米哈斯最具代表性的吉祥物；可愛的手工縫製驢子布偶，造型小巧樸拙，特別受到旅客喜愛，而成了最熱門的紀念品。

搭驢子計程車，遊山城

群山環抱的米哈斯，面對著米哈斯海岸(Mijas Costa)，如迷宮般的巷道蜿蜒於純白無瑕的房舍間，可愛的白色小屋之間，有陽台上的鮮豔五彩花朵加以點綴；販賣精美紀念品的小店也散布在街里巷弄之中，其中尤以五顏六色、充滿安達魯西亞風情的彩繪磁盤，最令人愛不釋手。

在米哈斯，可以搭乘一種特別的「計程車」遊歷山城，這種「計程車」就是廣場上一列列的驢隊。只見精心裝扮的驢兒在廣場上乖巧地等候載客，用最原始的方式，讓遊人從另一個角度來遊覽小鎮，坐在搖搖擺擺的驢背上，漫步在米哈斯小鎮，特別新奇有意思。

充滿安達魯西亞風情的彩繪磁盤

令人愛不釋手……

>西班牙鬥牛發源地

隆達

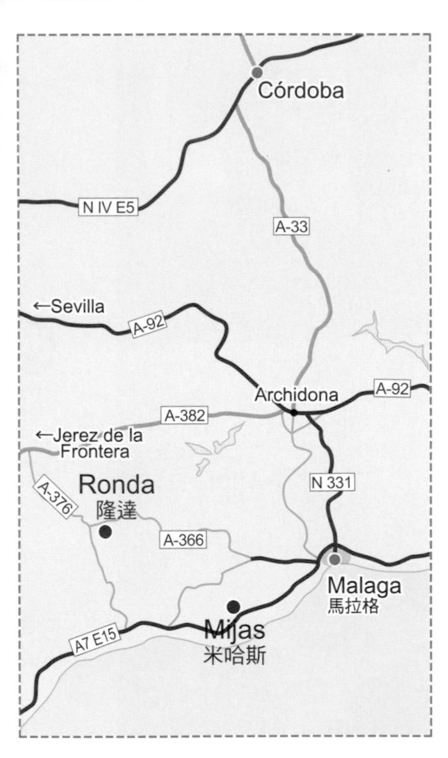

地理位置：

- 馬拉格Malaga一帶
- 距離馬拉格西方約120公里

旅遊資訊中心：

Plaza de Espana, 9-29400 Ronda
95.287.12.72
www.andalucia.org/
otronda@andalucia.org

高聳的古橋架在險峻的峽谷上，百米的高度令人對眼前的壯闊景觀為之驚嘆，這是小鎮隆達給人的初印象。隆達是西班牙最古老的小鎮之一，鬥牛這項西班牙的傳統文化代表，便是源自於隆達。這是個既特別又迷人的小鎮，正如西班牙詩人里爾克(Maria Rilke)對她的形容：「在西班牙，沒有一個地方能比這個野蠻的小鎮，能帶來如此多的驚奇……」。

建於18世紀的新橋與鬥牛場

新橋(Puente Nuevo)，興建於18世紀，所以其實一點也不新。數個拱型結構支撐著98公尺高的橋樑，橫跨於塔荷(Tajo)峽谷上，並成為新舊兩城區的聯絡要道。高聳壯觀的景色，使新橋成為隆達的象徵地標，據說古時候更執行過把犯人從橋上推下的酷刑。

隆達是西班牙鬥牛的發源地，因此其鬥牛場(Plaza de Toros)無論是歷史或建築特色，都堪稱是最能呈現西班牙鬥牛文化的代表。隨著18世紀西班牙鬥牛運動的興起，這座鬥牛場亦由建造新橋的設計師阿爾德烏埃拉(Martin de Aldehuela)包辦，場地自1785年啟用以來，上演過無數生死交關的鬥牛賽，到了今日，隆達鬥牛場早已升級，能在此地上場出賽，是每一位鬥牛士的無上光榮與驕傲。

鬥牛，為什麼要用紅布？

鬥牛，最早起源自西班牙南部的安達魯西亞(Andalucia)，但關於鬥牛的由來則有不同說法：有人認為是淵源於伊比利半島春秋祭祀的風俗，也有人認為是由狩獵活動演變而成。13世紀，阿爾方頌國王正式下旨，將此殺牛儀式變為鬥牛表演。到了18世紀中期，鬥牛開始轉變為平民百姓的活動。

西班牙鬥牛用的牛隻，均是血統純正的野性動物，好鬥，乃出於天性。人們常誤解鬥牛的攻擊性是受到鮮紅布幔的誘發，但其實牛是不折不扣的色盲，只要是晃動的物體都能激起牠好鬥的本性，紅色只是用來加強觀眾的視覺感官而已。有些人認為鬥牛過於血腥，是一種不尊重生命的行為，但鬥牛活動傳統已久，已成為西班牙文化的一部分，很難以一般道德標準判斷。雖然亦有西班牙人反對鬥牛，但多數人仍將鬥牛視為偉大的藝術，象徵英勇的生死搏鬥，是一種民族精神的表徵，而且在西班牙，鬥牛士的社會地位崇高，等同於社會名流。

西班牙
SPAIN
74

>看見山頂洞人的穴居生活

猶卡爾堡

Alcalá del Júcar

離西班牙阿爾巴賽德(Albarcete)省約45公里的猶卡爾堡，座落於猶卡爾河谷的山嶺上，兼具早期人類穴居的山壁特殊地理景觀及自然風貌。

地理位置：

- 阿利坎特Alicante一帶
- 位在阿利坎特附近

旅遊資訊中心：

Avenida de los Robles, 1-02210 Alcalá del Júcar

96.747.30.90

教堂、市政廳、城堡，紛紛見證歷代藝術風格

猶卡爾堡有一種寧靜的美感，沿著小鎮的山坡拾階而上，兩旁漆得純白的屋舍在陽光下特別耀眼，帶點哥德式風格的早期文藝復興教堂、巴洛克式的市政廳，以及山嶺上摩爾人所建的城堡，都靜默地述說著猶卡爾堡往日的光輝。

鑿山而建的洞穴房屋

猶卡爾堡最特別的，莫過於鑿山壁而建的房屋，大多數的洞穴房屋有著長長的走廊，以連接另一端面對著懸壁的陽台，這種建築是猶卡爾堡的特色。其中，有些洞穴開放參觀，像是小鎮中的瑪莎葛屋(Masago)；此外，有些洞穴還改建成旅館，讓遊客體驗當一名「山頂洞人」的樂趣。

>高聳壯闊的老鷹巢穴

瓜達雷斯特

Guadalest

地理位置：

- 阿利坎特Alicante一帶
- 距離阿利坎特東北方約73公里

旅遊資訊中心：

Avenida Alicante, s/n (Aparcamiento) 03517 Guadalest

96.588.52.98

guadalest@touristinfo.net

「瓜達雷斯特」在西班牙語中是「老鷹的巢穴」之意。座落在山峰上的瓜達雷斯特，雖然居民人口不多，但因著壯闊的地形景觀，而成為西班牙最受觀光客喜愛的小鎮之一。

進入小鎮，夾道有聖龕相迎

一個自山壁開鑿的隧道，引領遊人進入瓜達雷斯特，這種感覺好像進入了一個與世隔絕的世外桃源。路的兩旁沿途立有小小的聖龕，聖龕上有著描繪聖經故事的壁畫，小鎮上並且散布著小巧的手工藝品店，展示著精美的手工藝品。

站在軍事堡壘上，攬美景

瓜達雷斯特最顯著的地標，就是名叫Peñon de La Alcalá的塔樓，此塔樓佇立於險峭的絕壁上，尖型的三角屋頂及白色方形的塔身格外搶眼，登上塔頂，能將山谷絕美的風景盡收眼底。

此外，在阿拉伯人統治的時代，瓜達雷斯特因著她的優良戰略位置，而曾是重要的軍事基地，並修築了防禦性堡壘，但1744年的一場地震，讓瓜達雷斯特的堡壘受到重創，雖然人事已非，但仍可在此堡壘俯瞰瓜達雷斯特的房舍群，以及不遠處一座美麗的綠色湖泊，遼闊景色盡收眼底，令人心曠神怡。

遠望綠色湖泊，
遼闊景色盡收眼底……

義大利小鎮分布圖

ITALY

佛羅倫斯Firenze一帶・蒙地卡提尼Montecatini Terme・科洛迪Collodi・阿雷佐Arezzo・波隆那Bologna一帶・馬拉尼羅Maranello・拉樊那Ravenna・威尼斯Venezia一帶・布蘭達瀉湖區Rivera del Brenta・加爾達湖Lago di Garda・米蘭Milano一帶・可摩湖Lago di Como・克雷摩那Cremona・馬喬雷湖Lago Maggiore・熱那亞Genova一帶・波特菲諾Portofino・五地Cinque Terre・卡拉拉Carrara・羅馬Rome近郊・提伏利Tivoli・阿達良那夏宮Villa Adriana・歐斯提亞・安提卡Ostia Antica・蘭特別墅Villa Lante・拿坡里Napoli近郊・卡賽塔皇宮Caserta・艾爾可拉諾Ercolano・伊斯基亞島Ischia・阿瑪菲Amalfi・巴里Bari近郊・阿貝羅貝羅Alberobello・西西里島Sicilia・陶爾米納Taormina・亞美尼娜廣場Piazza Armerina・阿格里真托Agrigento・

義大利篇

佛羅倫斯Firenze一帶・蒙地卡提尼Montecatini Terme・科洛迪Collodi・阿雷佐Arezzo・波隆那Bologna一帶・馬拉尼羅Maranello・拉樊那Ravenna・威尼斯Venezia一帶・布蘭達瀉湖區Rivera del Brenta・加爾達湖Lago di Garda・米蘭Milano一帶・可摩湖Lago di Como・克雷摩那Cremona・馬喬雷湖Lago Maggiore・熱那亞Genova一帶・波特菲諾Portofino・五地Cinque Terre・卡拉拉Carrara・羅馬Rome近郊・提伏利

旅人手札
義大利篇

遊義大利小鎮，美麗記感！

難忘經驗1：誤闖愛麗斯夢遊的仙境

有次，我一邊看著地圖開車，一邊唸著像咒語般的小鎮地名——阿貝羅貝羅(Alberobello)，不知不覺興奮了起來，因為感覺上好像正要前往一個地球以外的世界。

來到阿貝羅貝羅這個「蘑菇村」(Alberobello，在義大利文有「蘑菇」的意思)，到處都是圓錐形屋頂的白色方屋，這種奇特的「土盧里」建築，外表看起來沒什麼差別，但裡頭可有不同天地，有的改建成餐廳、藝廊、藝品店，各有其趣。

中午，挑了家餐廳用完餐，老闆熱情邀我上屋頂平台，一眼望去，土盧里圓錐形的屋頂綿延至遠方，構成一幅奇幻畫面，當時我真懷疑，是否誤闖了愛麗斯夢遊的仙境。

(阿貝羅貝羅Alberobello小鎮詳細介紹，請見P.230)

難忘經驗2：邂逅千年前的比基尼女郎

在熱情的南歐，身材曼妙的比基尼女郎是海灘上最賞心悅目的風景，但沒想到，西西里島上名列世界遺產的古羅馬遺跡——亞美尼娜廣場Piazza Armerina中，我竟有幸能與千年前的比基尼女郎邂逅。

在這個以保有許多古羅馬馬賽克壁畫的遺址中，我赫然發現壁畫裡出現一群穿著比基尼泳裝的古羅馬

開車資訊		
速	限	市區50km 鄉間90km 高速公路130km

注意事項
1. 汽車故障，停於路邊時，需使用三角座，以警示後方來車
2. 12歲以下小朋友需乘坐安全椅，否則請坐後座
3. 夜晚、視線不佳時，請務必開大燈
4. 請勿酒醉駕車，會遭重罰

樂器是演奏家身心靈的延伸

女子，正開心拿著球，與同伴們戲水。我揉揉雙眼，不敢相信千年前的壁畫居然有如此摩登、新潮裝扮的女子，她們燦爛的笑容、優雅的神情，帶我走進了畫中，空氣中也彷彿飄送著溫潤海風、波濤聲，女子們輕柔的嬉鬧聲。**(亞美尼娜廣場Piazza Armerina小鎮詳細介紹，請見P.234)**

難忘經驗3：愛上小提琴

在義大利遊學期間，課餘我也兼任導遊，有一次，帶領一團新加坡客人，一位團員在參觀之餘，私底下向我探聽了一個地方，他聽說義大利有個小鎮，有許多製作小提琴的名師，許多流傳在世的名琴，都是從這個小鎮出品的。

對樂器不太熟悉的我，請教了學校的老師，得知這個小鎮叫做克雷摩那Cremona。到了克雷摩那的提琴工作坊，看著工匠專注的神情，用心不放過任何細節，以靈巧的雙手及敏銳的耳朵，來打造每一把琴，讓人不禁心生佩服。原本在我眼中平凡無奇的小提琴，看起來像是有了生命一般；我頓時領悟到，當一把好琴遇上伯樂被發揮得淋漓盡致時，它已不只是個樂器，而是演奏家身體與心靈的延伸。

(克雷摩那Cremona小鎮詳細介紹，請見P.204)

義大利
ITALY

76

>礦泉浴洗出一身健康美麗

蒙地卡提尼

Montecatini Terme

西元5世紀，蒙地卡提尼湧出了舉世聞名的礦泉，使歐洲地區愛美的王公貴族、名流雅士紛紛湧進蒙地卡提尼享受礦泉浴療。從古至今，包括溫莎公爵、教宗、大師畢卡索等名人，都曾光臨這個小鎮。

由義大利公主貝佳絲創立的著名護膚名牌貝佳絲(BORGHESE)，就標榜以蒙地卡提尼的萃取溫泉泥漿製成各種產品。蒙地卡提尼，可說是追求美麗、健康、時尚的人士此生必遊之地。

Montecatini Terme 蒙地卡提尼
Collodi 科洛迪
Lucca
Pisa
Livorno
Firenze 佛羅倫斯
Arezzo 阿雷佐
Perugia↘
A1 A11 A12 325 67 69

地理位置：

- 北義大利
- 佛羅倫斯Firenze一帶
- 距離佛羅倫斯西北方約48公里
- 距離比薩Pisa東北方約55公里

旅遊資訊中心：

VIALE VERDI, 66/A
0572 772244
www.provincia.firenze.it/
info@montecatini.turismo.toscana.it

溫泉SPA度假飯店林立

從佛羅倫斯開車前往蒙地卡提尼，只要半小時。蒙地卡提尼是全義大利最豪華的溫泉度假區，此地溫泉SPA度假飯店雲集，每一家業者無不掏空心思提供專業、舒適的設備及環境，吸引遠道而來的訪客。除了許多年長的歐洲人會到此養老，也有不少度蜜月的年輕夫妻或是剛動完手術、產後的遊客，到此地療養、雕塑身材。

不管是純粹想到這裡度假體驗，或想好好利用溫泉浴療改善腸胃炎，每一家SPA業者都有不同的療程，以滿足不同顧客的需求。如果只想純參觀，也可以買票進入，幽靜的花園、露天咖啡座都能讓人在此放鬆身心；偶爾還有戶外演奏，讓人陶醉其中。

貝佳絲公主將溫泉中豐富的礦物成分
所調配的全新護膚系列產品

成功行銷世界
而成爲知名保養品

義大利貝佳絲公主，洗溫泉洗出心得

義大利貝佳絲公主(Princess Marcella Borghese)從小就熱愛藝術與戶外活動，並且是蒙地卡提尼溫泉的常客。為了把這個使女人肌膚更美麗的蒙地卡提尼溫泉發揚光大，她承襲母親的家族護膚秘方，成功將溫泉水中豐富的礦物成分，調配出以蒙地卡提尼溫泉為名稱的全新護膚系列產品，並以自己的名字自創品牌，沒多久，便風靡了全球女性，成了行銷世界各國的知名高級保養品。

義大利
ITALY

＞上演小木偶奇遇記
科洛迪
Collodi

特產美食

特色建築

特殊景觀

手工藝品

著名景點

小鎮傳說

名人足跡

當地節慶

全世界的大朋友或小朋友，相信都對《木偶奇遇記》裡那個說謊話、鼻子會變長的小木偶——皮諾丘感到很熟悉。《木偶奇遇記》的作者、義大利知名作家科洛迪(Carlo Collodi)的本名，其實叫做羅倫齊尼(Carlo Lorenzini)，後來，他以自己家鄉為筆名，並寫出了膾炙人口的小木偶角色。

科洛迪，有一座由眾多藝術家共同打造的小木偶主題公園，非常具有特色。另外，還有一座美麗的義大利式花園卡爾索尼別墅(Villa Garzoni)也值得順道拜訪。

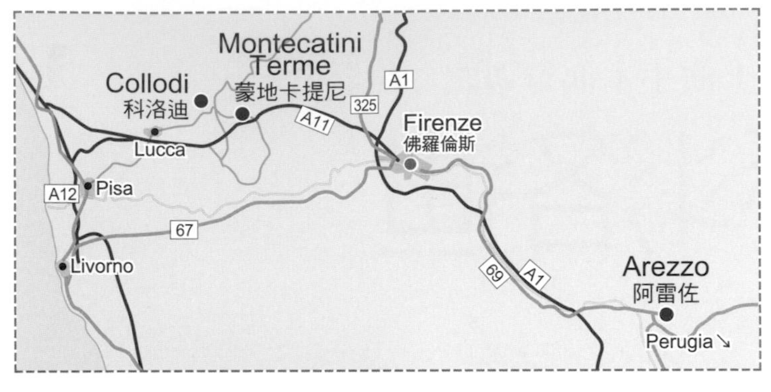

地理位置：

- 北義大利
- 佛羅倫斯Firenze一帶
- 距離佛羅倫斯西北方約63公里
- 距離比薩Pisa東北方約37公里

旅遊資訊中心：

VIA MANZONI, 16
055 23320
www.firenze.turismo.toscana.it/
apt@firenze.turismo.toscana.it

走進小木偶主題公園，冒險去

兒童文學作家科洛迪，也對義大利藝術家影響深遠，他們試著在科洛迪的家鄉，將對《木偶奇遇記》的想像化成藝術作品，向科洛迪致意。走進這個充滿奇幻想像的小木偶主題公園(Parco Pinocchio)，遊客也彷彿走進了小木偶的世界，故事裡的村落、皮諾丘的驚險遭遇，一一被化成雕塑或裝置藝術品，走在裡頭，就好像跟著皮諾丘一起冒險一樣。園內還有豐富的展覽館，展示著來自全世界有關《木偶歷險記》的圖書、畫冊等等，值得喜愛皮諾丘故事的大人小孩到此一訪。

小木偶主題公園參觀注意事項：

08:30～日落　8.5歐元　www.pinocchio.it

科洛迪，催生小木偶的兒童文學大師

《木偶奇遇記》的作者科洛迪，是一名義大利籍的新聞工作者兼作家，曾經就學於神學院，也曾經參與民族運動，後來轉而從事兒童寫作。1880年，《木偶奇遇記》第一章登載於《兒童日報》(Giornale deibambini)，獲得廣大迴響，後來知名動畫公司迪士尼將小木偶的故事搬上銀幕，使皮諾丘成了家喻戶曉的人物。

卡爾索尼別墅，義大利式花園代表

在柯洛迪這個樸實的鄉村山谷中，卡爾索尼別墅(Villa Garzoni)恣意展現義大利式庭園的華麗，顯得特別引人注目。卡爾索尼別墅，創建於17世紀，是義大利式花園的代表作之一，半圓形的花壇沿著坡地延伸，人工小瀑布裡清澈的泉水川流不息，無論是從哪個角度欣賞，都充滿戲劇性的效果；當然，也少不了俊美的雕像林立其中，還有人工穴洞增添野趣。花園的後方是一個浴場，以前還有豪華的音樂房，設計的用意，是為了讓享受完沐浴的男女，即使在看不到對方的情況下，也能愉快地聊天和欣賞音樂，看來義大利人真是天生懂得享受的生活家。

卡爾索尼別墅參觀注意事項：

09:00～12:00、14:00～17:00（夏季開放至21:00）　　5.2歐元

特產美食

特色建築

特殊景觀

手工藝品

著名景點

小鎮傳說

名人足跡

當地節慶

義大利
ITALY
78

>電影《美麗人生》取景地

阿雷佐

Arezzo

前幾年，叫好又叫座的義大利電影《美麗人生》(La Vita e bella)，讓許多人對銀幕中那個充滿托斯卡尼風味的小鎮嚮往不已，而這部電影就在距離佛羅倫斯約50公里遠的一座美麗山城——阿雷佐所拍攝，也是電影導演貝尼格尼(Roberto Benigni)的家鄉。

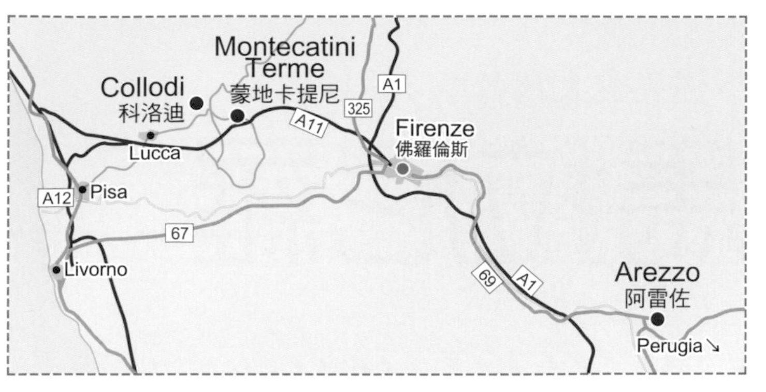

地理位置：

- 北義大利
- 佛羅倫斯Firenze一帶
- 距離佛羅倫斯東南方約81公里
- 距離佩魯嘉Perugia西北方約74公里

旅遊資訊中心：

PIAZZA RISORGIMENTO, 116
0575 23952~3
www.comune.arezzo.it/
apt@arezzo.turismo.toscana.it

兩座聖母教堂，充滿文藝復興風格

座落在山丘上的阿雷佐，放眼望去盡是廣闊的平原，目前該鎮的人口約9萬人，在第二次世界大戰時，曾經是義大利戰事最激烈的戰場。

阿雷佐的歷史悠久，小鎮在古羅馬時期叫做阿雷廷(Arretium)，為伊特魯里亞人(Etruscan)的重要城市，在這個規模不大的小城中，保留了許多中世紀以降的建築，著名的古蹟有：聖瑪麗亞・德拉皮耶韋(Sta. Maria della Pieve)及文藝復興時期的聖瑪麗亞・德萊格拉齊耶(Sta. Maria delle Grazie)教堂；阿雷佐除了充滿濃厚歷史人文風味，也是個具有高度學術氣氛的城市，孕育出不少義大利的藝文人才。

每年8月底、9月初，舉行騎馬競技比賽

大廣場是山城的中心，四周的建築大多掛著城邦家族的徽章及旗幟，每到假日便有古董市集在此聚集。此外，每年8月的最後一個星期天、9月的第一個星期天所舉行的傳統騎馬競技比賽，是鎮上一年一度的大事。

義大利
ITALY

＞遇見義大利名車「法拉利」

馬拉尼羅

Maranello

外型拉風、性能卓越的義大利名車「法拉利」(Ferrari)，展現出的極致工藝之美，讓全球無數的愛車人士讚賞不已；駕馭著鮮紅敞篷的法拉利名車，是許多人夢寐以求的事。也許我們一輩子可能沒什麼機會當法拉利的車主，但喜歡法拉利的旅客，到了義大利，絕對該到法拉利的故鄉——「馬拉尼羅」朝聖一下。

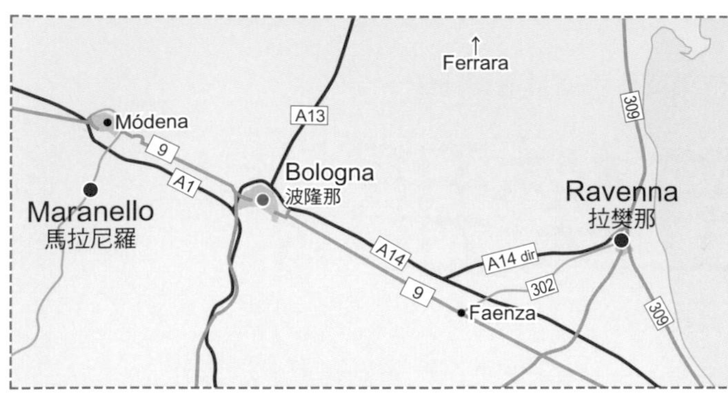

地理位置：

- 北義大利
- 波隆那Bologna一帶
- 距離波隆那西方約53公里
- 距離莫德納Modena南方約16公里

旅遊資訊中心(波隆那)：

VIA DE' CASTAGNOLI, 3
0512 18751
www.provincia.bologna.it/provbologna/index.jsp
turismo@provincia.bologna.it

紅軍車迷，請報到

赫赫有名的義大利名車總部，就位於馬拉尼羅這個看似不起眼的小鎮上。平時難得一見的法拉利跑車，在馬拉尼羅鎮卻是一輛接一輛呼嘯而過。

走進法拉利總部大門，熟悉的鮮紅色底、黑色躍馬標誌掛在門口，耳邊不時傳來法拉利特有低沉渾厚的引擎聲，讓人熱血澎湃，迫不及待地想進去大開眼界。

法拉利展覽館，按照年代進程，用圖表來介紹法拉利跑車的演進，當然，法拉利著名的引擎、車殼等零件也一一在列。此外，不同造型的名車、許多已經停產的珍貴車款，也在館中展示，讓不少法拉利迷們因為親眼見到心中的夢幻逸品，而感到不枉此行。

買汽車模型，過過癮

展覽館的盡頭是法利利周邊商品專賣店，以黑色躍馬為主題的各項商品中，最受歡迎的就是法拉利的汽車模型，就算無法擁有造價昂貴的真正跑車，車迷們至少能藉著購買各項周邊商品，得到擁有法拉利的滿足感。

義大利
ITALY 
80

>充滿羅馬帝國遺風

拉樊那

Ravenna

拉樊那，是義大利的歷史重鎮，西元5世紀曾是西羅馬帝國首都，6～8世紀為東哥德王國和拜占庭重要城市，在東方與西歐文明的融合交流中，扮演重要角色。

拉樊那鎮上的教堂，裡頭保存了許多完整的拜占庭鑲嵌畫，是此歷史古城最珍貴的遺產，拉樊那目前也設有專門教授鑲嵌壁畫的藝術學校，希望將這項古老工藝傳承下去。

地理位置：

- 北義大利
- 波隆那Bologna一帶
- 距離波隆那東方約74公里
- 距離費拉拉Ferrara東南方約74公里

旅遊資訊中心：

- P.ZZA CADUTI LIBERTA', 2
- 0544 541111
- www.racine.ra.it/ravennaintorno/
- ravennaintorno@mailprovincia.IT

拜占庭鑲嵌畫，美麗且華貴

西元402年，在蠻族入侵的威脅之下，西羅馬皇帝洪諾流士(Honorius)被迫將首都從羅馬遷至拉樊那，直至476年西羅馬帝國滅亡為止。後來，拉樊那曾是拜占庭帝國的主要港口，因此建築多反映出羅馬建築形式，並融合了拜占庭鑲嵌藝術畫。

鎮上聖阿波利納爾新教堂(Basilica of Sant' Apollinare Nuovo)富麗堂皇的鑲嵌畫，描繪了基督佈道、奇蹟、受難和復活的情景，是現存最古老的鑲嵌畫；聖維塔爾教堂(San Vitale)則是拉樊那的拜占庭藝術代表，祭壇上著名的鑲嵌畫風格很受君士坦丁堡影響，此教堂並設有投幣式的燈光照明裝置，遊客只要付費，就能在明亮燈光的照射下仔細欣賞鑲嵌畫。

詩人但丁在此度過晚年

另外值得一提的是，著名的中世紀詩人但丁(Dante)在他的流放歲月中，在晚年受到拉樊那貴族波倫塔(Guido Novello da Polenta)的款待，最後並於拉樊那長辭於世。但丁流傳千古的名著《神曲》(La divina commdia)，對拉樊那教堂內美麗的鑲嵌畫，有著精彩的描寫。

義大利
ITALY

＞乘船暢遊威尼斯貴族莊園

布蘭達瀉湖區

Rivera del Brenta

從威尼斯到帕達瓦(Padova)，綠意盎然的布蘭達瀉湖區連結了威尼斯與內陸。16～18世紀，布蘭達瀉湖區在威尼斯的黃金時期，成了貴族、富商們鍾愛的住宅區，一棟棟由義大利建築大師設計的別墅，沿著湖畔以華麗的姿態展現，見證了威尼斯的繁華與傳奇。

Lago di Garda
加爾達湖
Vicenza
Venezia
威尼斯
Mestre
Verona
←Bréscia
Sirmione
席米昂
Padova
Rivera del Brenta
布蘭達瀉湖區
A27
53
13
14
11
A4
309

地理位置：

- 北義大利
- 威尼斯Venezia一帶
- 距離威尼斯Venezia南方約20公里

旅遊資訊中心(威尼斯)：

Stazionze Santa Lucia
041 719078
威尼斯www.turismovenezia.it/
威尼斯info@turismovenezia.it

一艘艘遊船，行過瀉湖岸

在布蘭達瀉湖區，有一種叫做「Burchiello」的遊湖活動，乘載遊客沿著瀉湖區，欣賞湖岸的古典貴族莊園建築。從15世紀開始，威尼斯的貴族及富商們便開始在此大興土木，請來義大利最頂尖的建築師、藝術家幫他們打造奢華的家園，並時常於此接待身分顯赫的教宗、國王或各界的名流雅士。

牛頭人身怪獸花園迷宮具特色

此湖區最具代表性的是總督比撒尼(Alvise Pisani)的故居，大多數旅客會在此下船參觀。興建於8世紀的比撒尼莊園，是布蘭達瀉湖區一帶最大、也最豪華的一座建築，由名建築師普雷提(Francesco Maria Preti)興建，天花板彩繪則是知名藝術家提也波羅(Giambattista Tiepolo)的壁畫，花園是由弗里吉美利卡 (Girolamo Frigimelica)以樹籬與小徑，打造出希臘神話中牛頭人身怪獸的迷宮，此莊園可說是集當時義大利各大名家的心血而成，愛好義大利建築、藝術的遊客千萬不可錯過。

義大利
ITALY

82

> 義大利最壯觀的湖區

加爾達湖

Lago di Garda

加爾達湖面積達370平方公里，是全義大利最大的湖泊，北面有阿爾卑斯山作屏障。

湖區風景壯麗，享有溫和的地中海氣候，平均水溫13度，湖濱區散佈著適合游泳、遊艇等水上活動的沙灘，是著名的旅遊度假區。自古以來，許多富豪貴族在加爾達湖一帶興建城堡、別墅，此地在羅馬時期即是有名的度假勝地。

Lago di Garda
加爾達湖
Verona
Vicenza
Venezia
威尼斯
Mestre
←Bréscia
Sirmione
席米昂
Padova
Rivera del Brenta
布蘭達瀉湖區
A27 53 13 14 11 A4 309

地理位置：

- 北義大利
- 威尼斯Venezia一帶
- 距離威尼斯西方約120公里
- 距離維羅納Verona西方約35公里
- 距離布雷西亞Bréscia東方約39公里

旅遊資訊中心：

Viale Marconi 2, Sirmione
030 916245
威尼斯www.turismovenezia.it/
威尼斯info@turismovenezia.it

擁抱大自然，見證冰河時期美作

上古冰河時期遺留下來的大自然傑作──崎嶇的地形、清澈的湖水、翠綠的湖岸、陡峭的懸崖、陽光充足的沙灘……，旅遊資源充沛的加爾達湖區，成為義大利在第二次世界大戰後崛起的度假勝地。

席米昂，中古味十足的溫泉小鎮

席米昂(Sirmione)，是湖區的一個中世紀古鎮，也是著名的溫泉療養勝地。豪華的SPA飯店在此提供遊客最高級的享受，據說，這裡的溫泉對呼吸器官、風濕、皮膚病特別有療效。小鎮裡，有一個13世紀的斯卡里傑拉城堡(Rocca Scaligera)可遊賞，穿過與古堡相通的橋，走進古城門，來到城堡廣場，感受滿溢的中世紀古風。

特產美食

特色建築

特殊景觀

手工藝品

著名景點

小鎮傳說

名人足跡

當地節慶

義大利
ITALY 
83

>超乎一切之美的湖泊

可摩湖

Lago di Como

英國浪漫派詩人雪萊曾為可摩湖寫下「超過了一切的美」的詩句，來形容她令人驚豔的美麗。可摩湖位於阿爾卑斯山南方，從羅馬時期開始，就以她渾然天成的美景，吸引無數帝王、貴族、文人雅士投入她的懷抱，昔日貴族富豪競相在此興建別墅，世界各地的宅邸也常以此湖區的別墅作為設計參考，好萊塢也有好幾部電影看中可摩湖的湖畔風光，特地千里迢迢到此取景。現在，許多16世紀的別墅紛紛被改建成高級旅館，讓旅客能徜徉在美景與豪宅中，好好享受人生！

地理位置：

- 北義大利
- 米蘭Milano一帶
- 距離米蘭北方約48公里
- 距離貝加莫Bergamo西方約56公里

旅遊資訊中心：

PIAZZA CAVOUR,17
031 3300111 / 031 269712
www.lakecomo.com/
lakecomo@tin.it

入住埃斯特別墅，享受奢華

全長50公里的可摩湖，和義大利最大的加爾達湖一樣，都是上古時期冰河侵蝕而成的遺跡，自羅馬時代即是著名度假勝地，遊客可搭乘公共汽船，飽覽兩岸風光。湖濱區小鎮賽摩比歐(Cernobbio)，有座埃斯特別墅(Villa d'Este)，它原是16世紀富商的住宅，19世紀末改建成高級旅館，還保留奢華古典的風格，而別墅中的花園更是喝下午茶的好去處。

埃斯特別墅：www.villadeste.it

卡爾羅塔博物館，美得像天堂

湖濱區另一小鎮特雷梅索(Tremezzo)裡的卡爾羅塔別墅(Villa Carlotta)，則是18世紀米蘭銀行家的豪宅。義大利風格的房舍、樓梯及花園是由Marquis Clerici所設計，部分新古典風格的建築是由索馬力瓦公爵(Count Sommariva)所翻修。此別墅現已改建成博物館，展示著許多當時的古董家具及工藝品，花園裡充滿著熱帶植物與大理石雕像，宛如人間天堂。

卡爾羅塔博物館參觀注意事項：

3月～10月09:00～11:30、14:00～16:30，4月～9月09:00～18:00
7歐元
www.villacarlotta.it

義大利
ITALY
84

>史特拉底瓦里名琴誕生地

克雷摩那

Cremona

電影《紅色小提琴》中，那把流傳百年的名琴，就是在義大利的克雷摩那製造。只要是愛好小提琴的樂迷，一定對克雷摩那這個地名不陌生，從古至今，此地誕生了許多知名製琴大師，一把由大師親手打造的手工提琴，雖然價格不菲，但它不僅是樂器，更是一項極具藝術價值、可流傳千古的工藝品。

地理位置：

- 北義大利
- 米蘭Milano一帶
- 距離米蘭東南方約95公里
- 距離帕爾馬Parma西北方約65公里

旅遊資訊中心：

PIAZZA DEL COMUNE, 5
0372 23233
www.aptcremona.it/
info@aptcremona.it

史特拉底瓦里，偉大製琴家

16世紀末，來自克雷摩那的阿馬帝(Andrea Amati)是義大利最早的製琴師之一，享有「小提琴之父」的稱譽，並將這項手藝傳給了後代。到了17世紀，阿馬帝工作室出了許多偉大的製琴家，包括史特拉底瓦里(Antonio Stradivari)及瓜奈里(Andrea Guarneri)。尤其是史特拉底瓦里，他將提琴的製作技術推向頂峰，在他一生約70年的提琴製作生涯中，至少製作了1100把以上的琴，至今大約有700把流傳於世，能有機會拉到史特拉底瓦里名琴，不知是多少提琴家一生的渴求，也成了全世界提琴家、收藏家趨之若鶩的目標。

您也能擁有大師級的提琴

克雷摩那，是喜愛提琴的樂迷一生必訪的朝聖之地，這裡有許多提琴製作的工作坊開放參觀，更有許多來自世界各地的製琴師到此拜師學藝。但想在此買一把琴帶回家作紀念就得十分注意了，因為只要是知名製琴師的作品，在提琴尚未出產前，就已被世界各地的買家訂走了，而鎮上展售的提琴良莠不齊，有些甚至並非在克雷摩那製造，除非是對提琴很有研究的行家，不然得小心當了冤大頭。

義大利
ITALY

>義大利人公認最美的湖泊

馬喬雷湖

Lago Maggiore

馬喬雷，是義大利的第二大湖，北端位於瑞士境內，是義大利人與瑞士人都鍾愛的度假勝地。環山群繞幽靜湖水，風景柔美，馬喬雷湖，在許多人心目中，是義大利最美的湖濱區。湖面上有3個小島，分別是美麗島(Isola Bella)、漁夫島(Isola dei Pescatori)，以及母親島(Isola Madre)，遊客可搭乘公共汽船自在遨遊於小島之間，欣賞島上美麗的風光以及中世紀的宮殿。

地理位置：

- 北義大利
- 米蘭Milano一帶
- 距離米蘭西北方約80公里
- 距離可摩Como西方約75公里

旅遊資訊中心：

Via Principe Toma! so 70/72, Stresa
0323 30150
米蘭 www.milanoinfotourist.it/
米蘭 info@milanoinfotourist.com

三個島嶼，各顯華貴、純樸、熱帶風情

遊覽馬喬雷湖，可購買全程的船票隨意中途下船，跳島旅行。湖區3個小島中的美麗島，不僅島如其名，風景美不勝收，島上還有一座建於17世紀的巴洛克風格宮殿。此宮殿是波羅密歐公爵(Count Vitaliano Borromeo)於1632年，從義大利各地找來當時著名藝術家所完成的；藝術家們包括：那不勒斯的畫家焦爾達諾(Luca Giordano)、托斯卡尼的祖卡雷利(Francesco Zuccarelli)等人。宮殿裡除了有名家留下的壁畫之外，還有名貴的古董家具、大理石雕像等美不勝收的收藏。

此外，這座宮殿更曾見證許多重要歷史事件，例如1935年義大利獨裁者墨索里尼(Mussolini)參加的斯特雷薩會議(Stresa Conference)，便在此宮殿的音樂廳(Sala della Musica)舉行。宮殿的花園建築式樣，是巴洛克與義大利式花園融合的典範，裡頭種植了許多熱帶植物，並飼養充滿異國情調的鳥禽(例如：孔雀)。

相較於美麗島的貴氣，漁夫島則是一座保有自然風味的純樸漁村，狹小彎曲的巷弄間，流露著與世無爭的簡樸生活哲學，值得細細品味。

第三個島嶼母親島，則像個熱帶花園，茂盛的林木、遍地的花卉，並植有義大利最高大的棕櫚樹，悠閒的熱帶景觀，讓人陶醉在一片奇花異草的美景中。

特產美食

特色建築

特殊景觀

手工藝品

著名景點

小鎮傳說

名人足跡

當地節慶

>漁村變身世界知名度假豪宅區

波特菲諾

Portofino

地理位置：

- 北義大利
- 熱那亞Genova一帶
- 距離熱那亞東方約38多公里
- 距離拉巴洛 Rapallo南方約8公里

旅遊資訊中心：

VIA ROMA, 35
0185 269024
熱那亞 www.apt.genova.it/
熱那亞 aptgenova@apt.genova.it

波特菲諾，離熱那亞僅30幾公里，是一處位於半島上的小漁村。面對地中海，三面有綠意盎然的丘陵環抱，這渾然天成的美景使她很快開發為知名的度假勝地，不僅如此，來自世界各地的富豪、明星們，也時興在此建造一幢幢華麗的別墅。賞不盡的美景，加上悠閒、浪漫的氣氛無所不在，宛如人間天堂般完美的波特菲諾，自成一股獨特的生活氛圍。

世界知名豪宅區
使波特菲諾

講究的品味
自成一派生活風格

自成一派的時髦與悠閒

造訪波特菲諾，從Santa Margherita Ligure搭船至此最理想。波特菲諾的物價高昂，以聚集許多高級度假村、豪宅著稱，其中又以雷梵提(Riviera di Levante)一帶最具看頭，一棟接一棟的豪宅爭奇鬥豔。

波特菲諾是世界知名的豪宅區，講究的建築、走在時尚前端的品味，以及對健康生活的追求，都使波特菲諾這個小鎮自成一派的生活風格。此外，到此一遊，可別忘了登上小鎮的古堡燈塔俯瞰開闊全景，美麗的海港景色將飽覽遊人眼底，保證不虛此行。

>海濱漁村，展現度假風

五地

Cinque Terre

地理位置：

- 北義大利
- 熱那亞Genova一帶
- 距離熱那亞東南方約93公里
- 距離拉斯佩齊亞La Spezia西北方約30公里

旅遊資訊中心：

Via Fegia, Monterosso al Mare
0187 817506
熱那亞 www.apt.genova.it/
熱那亞 aptgenova@apt.genova.it

義大利文的「Cinque Terre」，意思是「五塊地」。義大利的利古里亞省(Liguria)，有五片陸地像手指般突出海岬；五地，就是這五個陸地漁村的總稱。此地區地理位置偏僻，村落保留濃厚地方色彩，穿過臨著濱海驚險懸崖開鑿出的崎嶇蜿蜒山路，讓五地的5個小漁村像是時光倒流1百年的世外桃源般，讓人驚豔不已。1997年，五地因著她特殊的地理風光與所保留的文化資產，獲聯合國教科文組織納入人類世界遺產之列。

五地漁村，世外桃源般的天然

五地包括了5個小村落：蒙特羅索(Monterosso al Mare)、威爾那札(Vernazza)、康尼格利亞(Corniglia)、馬那羅拉(Manarola)，以及里歐馬吉歐雷(Riomaggiore)。

五地之中最西邊的蒙特羅索漁村，以一座遍植橄欖樹的山丘作屏障，並有座中世紀古塔矗立其上，純樸的小鎮裡，房子被漆成不同的顏色，頗具地方風味，純淨的海灘則讓人能快意擁抱碧海藍天。

沿著風光明媚的地中海岸，穿越葡萄園，綿延的山路引領遊人來到山丘上的威爾那札漁村。威爾那札，奠基於西元1世紀，擁有悠遠的航海貿易傳統，此地的建築式樣風格成了五地其他小鎮的典範。

康尼格利亞漁村，位於海岬的突出處，懸崖處處，地勢驚險，鎮上的聖彼德教堂(San Pietro)建於1334年，是利古里亞省境內最美的哥德式教堂。

馬那羅拉漁村，隱蔽於兩塊海岬的山谷裡，鎮上有一座建於1338年的歌德式教堂，從馬那羅拉出發，沿彎彎曲曲的海岸，有一條叫作「情人小徑」(La Via dell'Amore)的步道，約走30分鐘，即可抵另一個漁村里歐馬吉歐雷。

里歐馬吉歐雷，位於五地的最東邊，相對於其他4個村落，交通便利許多，在旅遊觀光方面的起步最早，也是許多遊人造訪五地的起點。此小鎮雖開發得早，但仍保有原來的漁村風貌，風景怡人。

>專門出產高級大理石

卡拉拉

Carrara

地理位置：

- 北義大利
- 熱那亞Genova一帶
- 距離熱那亞東南方約110多公里
- 距離拉斯佩齊亞La Spezia東方約31公里
- 距離比薩Pisa西北方約55公里

旅遊資訊中心：

V.LE XX SETTEMBRE

0585 844403

www.portofcarrara.it/home.asp

義大利由於擁有豐富的大理石礦產，境內因而充斥著無數美麗的大理石建築，也使藝術家們能透過大理石發揮動人創意。位於托斯卡尼省(Tuscany)的卡拉拉，是世界知名的白色大理石產地，此地出品的大理石質地精良、色澤柔和、紋理細膩，是頂級的大理石石材產區。雕刻大師米開朗基羅多數流傳千古的名作，大多採用卡拉拉的大理石雕製而成。

卡拉拉大理石，米開朗基羅忠實愛用

位於托斯卡尼省的卡拉拉，有著恬靜的田園風光，鎮上有一座由公爵官邸改建的美術學院，以及中世紀的教堂。

卡拉拉，以出產高級白色大理石聞名，來到此地可參觀大理石的採石場，看著巨大的機具在場裡忙碌來去，還能看到工人仔細將珍貴大理石從山壁鑿出的工作情況。

到洞穴博物館，補充大理石知識

採石場旁的洞穴博物館(Cava Museo)於1982年開幕，收藏了來自義大利及世界各地超過3百個不同的大型大理石石材、卡拉拉一帶的考古發現，以及採掘大理石所用的工具，這些工具可幫助人們進一步了解大理石是如何開採的。

洞穴博物館參觀注意事項：

10:00～18:00，7、8月10:00～22：00（週日休館）

4.5歐元

手工大理石西洋棋

洞穴博物館還有令人眼花撩亂的精緻大理石紀念品，可供遊人選購，最受歡迎的包括：西洋棋、大大小小的雕像，以及米開朗基羅著名大作如「大衛」雕像的複製品等等。

特產美食

特色建築

特殊景觀

手工藝品

著名景點

小鎮傳說

名人足跡

當地節慶

>如夢似幻的人間伊甸園

提伏利

Tivoli

地理位置：

・南義大利
・羅馬Roma近郊
・距離羅馬東方約36公里

旅遊資訊中心：

LARGO GARIBALDI
0774 334522 / 0774 21249
羅馬 www.romaturismo.it/
羅馬 info@aptroma.com

一座充滿驚奇的花園，處處流瀉著源源不絕的噴泉，栩栩如生的雕像呈現出人體的力與美，華麗的宮殿隱矗於蓊鬱的花園中……，羅馬近郊的提伏利，有座精心打造的伊甸園，呈現了義大利庭園的極致之美，也讓它名列世界遺產之林。

千變萬化的噴泉
令人嘆為觀止

五光十色的燈光，舞動的水波，
營造浪漫的仲夏夜晚

人間伊甸園，千泉宮

提伏利的千泉宮，原本是一座由荒廢的羅馬貴族別墅改建的本篤會修道院。西元1550年，名建築師利哥里歐(Pirro Ligorio)在當時總督的委任下，將之改建成總督府。隨著時代的更迭，千泉宮曾成了奧地利的資產，但之後終於於1918年歸還予義大利。

千泉宮花園中的別墅Villa d'Este，是義大利古典建築的代表，室內精彩的壁畫、金碧輝煌的裝設，讓人充分體驗中世紀的義大利式奢華。

千泉宮參觀注意事項

4月～9月中旬09:00～18:30
9月中旬～11月、3月09:00～17:30
11月～2月09:00～16:00
開放日為週二～週日(週一公休，若週一為國定假日，則改為週二公休)

http www.villadestetivoli.info/indexe.htm

以科學工法打造500座奇幻噴泉

走進千泉宮的花園，一眼望去，只見建築師利用地形斜坡及物理原理壓差，打造出一座座數不盡的噴泉，其千變萬化令人嘆為觀止；噴泉池畔則巧妙融入了以神話故事為場景的雕刻，讓人猶如走進古希臘羅馬神話故事中的奇幻世界。千泉宮裡共有5百多座噴泉，其中最著名的非管風琴噴泉(Organ Fountain)莫屬，其利用水壓的原理使風管發出聲音，並產生不同的音調，奏出屬於大自然的樂音。到了夏季，夜間開放的千泉宮更以五光十色的燈光，舞動的水波，營造浪漫的仲夏夜晚。

義大利
ITALY
90

>羅馬帝國皇家花園城市

阿達良那夏宮

Villa Adriana

地理位置：

- 南義大利
- 羅馬Roma近郊
- 距離羅馬東方約25公里

旅遊資訊中心(羅馬)：

- VIA PARIGI,11
- 064 88991
- 羅馬 www.romaturismo.it/
- 羅馬 info@aptroma.com

西元125～134年，歷史上大名鼎鼎的羅馬皇帝哈德良(Hadrian)，在叱吒風雲的頂峰時期，於提伏利近郊修築了一座以繁盛羅馬帝國為縮影的阿達良那夏宮，規模龐大，占地約18平方公里，有「皇家花園城市」之美名。

重現羅馬人生活場景，皇宮已傳承2000年

走入阿達良那夏宮入口，即有座完整的立體等比例模型，讓人一目了然整個夏宮的布局。夏宮的建築物包括：花園、浴場、圖書館、劇場、室外餐廳、亭榭和住宅……，並隨著地形而建，就像一座小型城市。為了展現哈德良皇帝在地中海一帶廣大的統治版圖，夏宮的建築融合了埃及、希臘及羅馬的元素，無論在歷史、藝術、建築等各方面，阿達良那夏宮均占有重要一席之地，並在1999年聯合國教科文組織列入人類世界遺產。

羅馬皇帝哈德良，深具文藝修養

建造阿達良那夏宮的羅馬皇帝哈德良，在位期間是西元117年8月11日～西元138年7月10日。他出身於西班牙，西元117年登基成為羅馬盛世的統治者，大家公認他是所有羅馬皇帝中，最有文化修養的一位。他精通星象學，曾經為了觀看日出，專程攀登西西里的埃特納(Etna)火山和敘利亞的賈巴拉爾．哈馬拉山(Jabal Agra)。哈德良也具有藝術家的氣質，喜歡寫詩，喜歡將他的生活方式落實於建築設計上。此外，他也喜歡修繕古蹟，曾下令重建毀於大火的羅馬萬神廟，將其恢復成奧古斯都式的建築結構，而他的皇陵也同樣採用奧古斯都的風格。

>火山掩埋的歷史古城，出土

歐斯提亞．安提卡

Ostia Antica

地理位置：

- 南義大利
- 羅馬Roma近郊
- 距離羅馬西南方約25公里

旅遊資訊中心(羅馬)：

- VIA PARIGI,11
- 064 88991
- 羅馬 www.romaturismo.it/
- 羅馬 info@aptroma.com

歐斯提亞．安提卡參觀注意事項：

- 09:00～16:00，夏季延長開放至18:00
- 5歐元

歐斯提亞．安提卡，距離羅馬西南方約25公里，位於台伯河(Tiber)河口，是義大利規模僅次於龐貝城的古城遺跡。最初她只是個具有軍事功能、用來防禦海盜的小港，到了羅馬帝國的黃金時期，因運鹽而發達成繁華商港，人口最多曾達10萬人，是當時羅馬的民生物資集散中心。但好景不常，歐斯提亞．安提卡之所以在歷史上漸漸為人所淡忘，是由於君士坦丁大帝遷都後，人口外流加上流行疾病肆虐，使這座城市漸成荒蕪廢墟。

憑弔考古遺址，大發思古幽情

喜歡考古遺址或羅馬古城的旅客，來到歐斯提亞・安提卡一定會流連忘返，不捨離去。這裡保留著完整的古羅馬城市規模，倉庫、公共澡堂、祭壇、劇場、商店、廣場等等。值得一看的，是古城商店留下來的完整馬賽克地板，上面刻畫著當時古羅馬人的日常生活。時光的刻蝕，使歐斯提亞・安提卡到處都是斷垣殘壁，但仍能憑弔想像當年城市的布局與盛況，細細回味古羅馬的繁華與榮光。

露天劇場的公廁，扮演社交功能

羅馬每年到了夏季，便有許多藝文活動在市區古老的教堂或美麗的庭園舉行，或是將展演場景拉到市郊的古蹟。歐斯提亞・安提卡古城的露天劇場，身為義大利最古老的磚造劇場之一，便經常作為戲劇表演的場地，讓人一席坐在千年的古劇場中，感受古典戲劇的魅力；最令人感到會心一笑的，是劇場於2000多年前由羅馬人打造的公共廁所，排水設計相當良好，因而成了當時羅馬人社交的重要場合。

>發現最美的義大利花園

蘭特別墅

Villa Lante

地理位置：

- 南義大利
- 羅馬Roma近郊
- 位在羅馬北方附近

旅遊資訊中心(羅馬)：

VIA PARIGI,11
064 88991
羅馬 www.romaturismo.it/
羅馬 info@aptroma.com

蘭特別墅參觀注意事項：

11月～2月09:00～16:00、3月～10月09:00～17:30
4歐元

占地約22公頃的蘭特別墅，是義大利文藝復興時期庭園造景的典範代表，知名英國作家席特維爾(Sacheverell Sitwell)曾讚譽此別墅擁有「全義大利最美的花園」。

眼耳並用，欣賞美麗庭園

蘭特別墅現在的規模奠基於16世紀，由教皇比約五世(Pope Pius V)命令知名建築師維格諾拉(Vignola)興建，進入此地，首先迎接遊客的便是座精心設計的飛馬噴泉(Pegasus fountain)，從西米諾(Cimino)山引流下的泉水，沿著坡道流過一座座噴泉，最後匯集於花園中央的水池，周圍環繞著以神話故事為背景的精美雕像、石砌欄杆，以及翠綠的灌木林。巧奪天工的庭園造景，淙淙的流水聲不絕於耳，漫步在蘭特別墅，宛如享受著一場聽覺與視覺的饗宴。

巧奪天工的庭園造景，
淙淙的流水聲……
來此享受一場聽覺與視覺的饗宴

義大利
ITALY

>義大利的美哉凡爾賽宮

卡賽塔皇宮

Caserta

波旁王朝統治時期，首都拿波里是當時歐洲的大城之一。18世紀中期，波旁王朝的查理斯三世(Bourbon king Charles III)在拿波里近郊蓋了華麗的卡賽塔皇宮，龐大的建築群包括宮殿、花園、狩獵場、森林以及絲綢工廠，以與法國凡爾賽宮及西班牙馬德里皇宮較勁。卡賽塔皇宮無論是建築設計、建材、形式方面，都是當時的代表之作，並被列為聯合國教科文組織之人類世界遺產之一。

地理位置：

- 南義大利
- 拿坡里Napoli近郊
- 距離拿坡里北方約31公里

旅遊資訊中心：

PALAZZO REALE　0823 322233

拿坡里 www.regione.campania.it/

拿坡里 ass.armato@regione.campania.it

卡賽塔皇宮參觀注意事項：

08:00～19:30　皇宮4.2歐元、花園2歐元

電影《星際大戰》亦慕名取景

波旁王朝在查理斯三世達到尖峰時期，查理斯三世蓋了不少知名的建築，包括義大利最大的聖卡羅歌劇院(Teatro San Carlo)，當然，最具代表性的非卡賽塔皇宮莫屬。

卡賽塔皇宮是一座充滿義大利巴洛克風格的建築，目前已改建成博物館供大家參觀，裡頭有1200個精美的房間，壁畫、雕刻塑像充斥天花板、牆面，還有一座金碧輝煌的歌劇院，這一切美得讓知名的好萊塢電影《星際大戰》曾到卡賽塔皇宮取景。除了宮殿外，廣褒的公園更值得讓人流連，翠綠的草地以及爭奇鬥豔的奇花異草，美不勝收，花園裡的小城堡是波旁王朝小王子們玩樂的天地，海豚噴泉裡黛安娜與阿克泰翁(Diana and Actaeon)的雕像正上演著膾炙人口的希臘神話場景；公園的另一端則是英式花園，圍繞著一個小湖以及仿製的古蹟，充滿恬靜的田園之美。

特產美食
特色建築
特殊景觀
手工藝品
著名景點
小鎮傳說
名人足跡
當地節慶

義大利
ITALY

>龐貝以外，又一火山灰礫下古城

艾爾可拉諾

Ercolano

西元79年8月24日，一場人類史上著名的大災難——維蘇威(Vesuvius)火山爆發，摧毀了義大利兩大古城，一個是知名的龐貝(Pompeii)，另一個則是離龐貝不遠的艾爾可拉諾(Ercolano，英文譯名為赫庫蘭尼姆Herculaneum)。她們都被突如其來的火山岩漿吞噬，整座城市被掩埋在火山灰底下，並漸漸被世人遺忘，一直到18世紀才為人發掘，並成為當代人瞭解古羅馬人生活的重要考古根據。1997年，艾爾可拉諾與龐貝，同列為聯合國教科文組織的人類世界遺產之一。

地理位置：

- 南義大利
- 拿坡里Napoli近郊
- 距離拿坡里東南方約11公里
- 距離蘇連多Sorrento北方約39公里

旅遊資訊中心(拿坡里)：

CENTRO DIREZIONALE - ISOLA C/5
0817 968974
拿坡里 www.regione.campania.it/
拿坡里 ass.armato@regione.campania.it

古時羅馬貴族度假勝地，生活機能完整

靠海的艾爾可拉諾，比起龐貝這個以商業為主的城市，硬是多了份寧靜，她不僅是個漁村，且因地理位置優越，風光宜人，是深受當時貴族喜愛的度假勝地，許多貴族在此大興土木，蓋了一座座面向拿坡里海灣的豪華別墅。正如其他富庶的古羅馬城市一樣，艾爾可拉諾的貴族們對生活十分講究，城內不僅有完善的公共設施，許多屋子的內部都有著以希臘神話為主題的壁畫裝飾。此古城雖受到火山爆發的摧殘，但由於被變硬的火山熔岩保存著，完全被埋在火山灰礫下，因而千年後重見天日的古城，建築結構仍大致保存良好，得以讓現代人從空蕩的房舍、熱鬧精彩的壁畫，與千年前的羅馬人相聚。

國立考古博物館，珍藏古城瑰寶

保存完整的龐貝及艾爾可拉諾兩座城市的遺跡出土後，成為現代人認識古羅馬生活最寶貴的資源之一。其中，艾爾可拉諾古城裡，許多包括神話、宗教、庶民日常生活主題的精彩壁畫，大多都存放在拿坡里的國立考古博物館(Museo Archeologico Nazionale)中。建議您，造訪龐貝、艾爾可拉諾這兩座古城現場之餘，還可至博物館尋寶喔！

國立考古博物館參觀注意事項：

09:00～19:30（週二休館）　9歐元

義大利
ITALY

>有怪獸傳說、有火山的度假勝地

伊斯基亞島

Ischia

位於拿坡里海灣入海口的伊斯基亞，是一座由火山岩構成的島嶼，面積只有47平方公里。島上的土壤肥沃，盛產葡萄、橄欖、小麥等農作物，拜火山爆發所賜，島上溫泉處處，讓伊斯基亞島成了義大利著名的溫泉療養區。

希臘神話中，孕育怪獸的所在

希臘神話中，伊斯基亞是火山巨怪——提豐(Typhon)的家鄉，他還是地獄守門狗三頭犬(Cerberus)、人面獅身獸史芬克斯(Sphinx)、噴火怪齊美拉(Chimera)多位著名怪獸的父親。

地理位置：

- 南義大利
- 拿坡里Napoli近郊
- 距離拿坡里西南方約33公里

旅遊資訊中心：

CORSO COLONNA, 108
0815 074211
拿坡里 www.regione.campania.it/
拿坡里 ass.armato@regione.campania.it

火山活動，遺留溫泉處處

來到這個充滿神話的島嶼，翠綠的松樹林，讓整座島像顆綠寶石般，在地中海閃耀著光芒。島上曾有多次火山爆發，789公尺高的埃坡美歐(Monte Epomeo)火山已經不再活躍，來到此地除了可享受地中海的碧海藍天，火山活動留下的大自然珍貴溫泉據說極具療效，這成了吸引遊客前來的主因。

伊斯基亞島儼然成為義大利著名的溫泉度假勝地，充滿悠閒氣氛，更有全義大利唯一的三輪車服務，載著遊客到處穿梭在這個地中海溫泉鄉。

義大利
ITALY

>歐洲人熱愛的度假海岸

阿瑪菲

Amalfi

在氣候寒冷的歐洲，義大利拿坡里一帶，因為擁有明媚的地中海風光及璀璨的陽光，順理成章成了歐洲人趨之若鶩的度假勝地：此地區，又屬阿瑪菲海岸一帶人氣最旺。懂得享受人生的歐洲人，喜歡拋開城市的煩囂及惱人的工作，來到這裡盡情沐浴在珍貴的陽光底下，好好放鬆身心靈，為未來更長遠的路充電、再出發！

地理位置：

- 南義大利
- 拿坡里Napoli近郊
- 距離拿坡里東南方約65公里
- 距離蘇連多Sorrento東方約34公里
- 距離薩萊諾Salerno西南方約25公里

旅遊資訊中心：

CORSO ROMA,19
089 871107
拿坡里 www.regione.campania.it/
拿坡里 ass.armato@regione.campania.it

阿瑪菲，古老的海洋王國

看起來與世無爭的阿瑪菲，事實上有著輝煌的過去，她可是義大利最古老的共和國——阿瑪菲海洋共和國(The Maritime Republic of Amalfi)，成立於西元840年。阿瑪菲最鼎盛的時期在11世紀，當時，地中海一帶的航海艦隊，都受到世界上最古老的航海法——阿瑪菲航海法(Amalfi Navigation Tables)管轄，足見此城市在當時的舉足輕重地位。

白色房舍
溫和氣候
湛藍海水

終年氣候溫和，歐洲人的避寒聖地

今日，依山傍海的阿瑪菲看起來倒很有西班牙風情，沿著山坡而建的白色房舍，俯看湛藍無比的海水，在地中海陽光的照射下更形耀眼，滿山的橄欖樹、度假酒店林立，與歐洲其他地區相比，此地終年溫和的氣候，讓許多歐洲人像候鳥般於寒冬之際南飛到此享受陽光。來到這裡，最道地的享受就是拋開一切、忘掉時間、解放身上的衣物，終日趴在陽光下、或縱身躍入地中海暢快悠游，盡情享受這難能可貴的慵懶悠閒。

>歡迎來到矮人童話世界

阿貝羅貝羅

Alberobello

地理位置：

- 南義大利
- 巴里Bari近郊
- 距離巴里東南方約55公里
- 距離布林迪西Brindisi西方約77公里

旅遊資訊中心：

PIAZZA MORO, 33/A
0805 242361
www.regione.puglia.it/
aptbari@pugliaturismo.com

阿貝羅貝羅，是義大利文裡的「磨菇」之意，但唸起來既可愛，又帶點神祕感，不像是地球上的地名。對於第一次造訪阿貝羅貝羅的旅客而言，絕對會驚訝於眼前的景色，整個村落盡是白色的房屋，並有著尖尖的圓錐狀屋頂，讓人像是到了另一個世界，走進了只存在於童話的小矮人村。

冰河時期所遺地貌

在義大利Terra dei Trulli一帶，有一種叫做「土盧里」(Trulli)的特別房子，這樣的房子在阿貝羅貝羅就有1400幢，無論數量或密度均屬第一。典型的土盧里，平面都是方正矩形，屋頂用灰色石灰石搭成，煙囪在側邊，並有著山形入口，屋身漆成雪白顏色，饒富希臘風情。

每座土盧里的小圓錐屋頂，上頭都有石頭砌成不同的造型，有人說居民對屋頂的重視，源自古老以來對太陽的崇拜；有人則說這只是裝飾用途而已。土盧里的主要建材是當地的石灰岩，並以木材打造室內地板，當地人多把土盧里當成倉庫，有時也會在地上臥睡過夜。

到阿貝羅貝羅一遊，無酒不歡

現在，阿貝羅貝羅因著特色房屋土盧里，而成功轉型為觀光小鎮，許多土盧里改建成餐廳、紀念品店、藝廊、特產店等等；眾多特產中，又以當地出產的酒及陶藝品最受遊客喜愛。當然，想在造型可愛又夢幻的土盧里過上一夜也沒問題，當地有不少特色民宿可滿足您，讓您體驗一下住在童話世界是什麼感覺。

Hotel Trullidea
Via Monte Nero, 23,70011, Alberobell　　www.trullidea.com

特產美食

特色建築

特殊景觀

手工藝品

著名景點

小鎮傳說

名人足跡

當地節慶

義大利
ITALY

>散步、遊逛，步行者的天堂

陶爾米納

Taormina

一陣陣浪濤打在驚險的懸崖，西西里島東部的陶爾米納，終年沐浴在溫暖的陽光之下，成了義大利著名的濱海熱點，除了陽光、沙灘，古老的歷史也在陶爾米納留下了不少遺跡。遠處3千多公尺高的埃特納(Etna)火山，像是氣勢磅礡的布景，將羅馬古市鎮、露天劇場……這些迷人的遺跡，襯托得更讓人嚮往那美好的年代。

地理位置：

- 南義大利
- 西西里島Sicily
- 距離卡塔尼亞Catania北方約52公里
- 距離墨西拿Messina南方約52公里

旅遊資訊中心：

✉ PIAZZA S.CATERINA -(PALAZZO CORVAJA)
☎ 0942 23243
http www.gate2taormina.com/
@ info@gate2taormina.com

歷經多朝文化洗禮，饒富風情

陶爾米納擁抱著藍色的愛奧尼亞海，位於墨西拿(Messina)與卡塔尼亞(Catania)之間的海岸250公尺高的山丘上，可遠眺埃特納火山的美景。蜿蜒的巷道讓陶爾米納成了道地的「步行者天堂」。

陶爾米納擁有悠久歷史，原本在此定居的是西庫爾人(Siculi)，後來納克索斯島(Naxos)難民移入，約西元前210年歸屬古羅馬，西元1世紀被阿拉伯人占領，11世紀時又被諾曼人統治，因而留下豐富的文化資產，例如著名的古希臘劇院、古羅馬市鎮、中世紀的大教堂……，使小鎮散發出濃厚古意。小鎮裡各式商店、餐廳林立，來這裡度假的人們，無論是白天或黑夜，都能輕鬆愜意地在小鎮裡遊蕩，享受西西里島的自在閒情。

埃特納火山，歐洲最高活火山

埃特納火山，海拔3200公尺高，是歐洲最高的活火山，有多次火山噴發的紀錄，歷史上最猛烈的一次噴發是在1669年，熔岩流摧毀山麓村莊，湮沒卡塔尼亞(Catania)城西部。埃特納有數個火山口，自古以來，攀登火山一直是許多旅客的最愛，就連西元2世紀的羅馬皇帝哈德良也曾到此一遊。陶爾米納小鎮的當地旅行社，推出許多到埃特納火山一遊的行程，可讓旅客選擇以不同的角度與距離，一睹火山的真面貌。

義大利
ITALY

>雄偉壯麗的古羅馬遺跡

亞美尼娜廣場

Piazza Armerina

亞美尼娜廣場，是西西里島中部的一個小城，這裡藏著珍貴的古羅馬遺跡。在古蹟處處的義大利，古羅馬遺跡或許不算太稀奇，但亞美尼娜廣場之所以受到聯合國教科文組織的高度重視，並將她歸為世界遺產，都得歸功於這裡保有可觀、完整的馬賽克壁畫。

地理位置：

- 南義大利
- 西西里島Sicily
- 距離卡塔尼亞Catania西南方約84公里
- 距離巴勒摩Palermo東南方約164公里

旅遊資訊中心：

VIA CAMILLO CAVOUR,15
0935 680201
西西里 www.regione.sicilia.it/
卡塔尼亞 www.turismo.catania.it/
卡塔尼亞 apt@apt-catania.it

撲捲地板的馬賽克鑲嵌畫

19世紀末期，亞美尼娜廣場因著驚人的考古發現而受到世人矚目，一座建於西元2～3世紀的貴族別墅出土，與以往其他古羅馬遺跡裡，多為殘破、片段的馬賽克鑲嵌畫相比，此地出土的馬賽克鑲嵌畫遺跡，滿舖在整個地板上，無論是數量、規模，都讓人讚嘆不已。

由石頭原色拼湊的馬賽克鑲嵌畫，一向是古羅馬建築中不可或缺的元素，也是讓後人激賞不已的藝術品。此地出土的馬賽克鑲嵌畫充滿當時古羅馬貴族的生活景象，狩獵、戰爭、神話傳說、奢華的宴會……甚至，最為人津津樂道的是，居然還有「比基尼女郎」的出現，壁畫中的古羅馬女子，穿著性感的比基尼泳裝在海邊開心戲水；真沒想到，遠在1700年前，女性居然就有這種裝扮。亞美尼娜廣場所保留下來的珍貴文化遺產，值得遊客遠道而來，好好細細品味與欣賞。

義大利
ITALY
100

>擁有20座希臘神殿遺址

阿格里真托

Agrigento

西元5世紀，希臘著名的詩人賓達羅斯(Pindaros)曾經稱讚阿格里真托為「世界上最美的城市」。經過2000多年歷史的洗禮，阿格里真托曾經接受古希臘、羅馬、拜占庭、阿拉伯統治，以古希臘遺留下來的神殿遺跡聞名，並有「神殿之谷」(Valle dei Templi)之稱，其神殿群的完整性足以媲美希臘雅典的帕德嫩神殿，並受到聯合國教科文組織的保護，列為世界遺產。

地理位置：

- 南義大利
- 西西里島Sicily
- 位在卡塔尼亞Catania西南方附近
- 距離巴勒摩Palerno東南方約164公里

旅遊資訊中心：

VIA CESARE BATTISTI,15
092220454
西西里 www.regione.sicilia.it/
卡塔尼亞 www.turismo.catania.it/
卡塔尼亞 apt@apt-catania.it

20座神殿遺跡，氣勢驚人

阿格里真托，位於西西里島南岸，由希臘殖民者建於西元前約581年，在西元前480年達到鼎盛時期，後又遭迦太基人破壞，直到古羅馬統治時期才又恢復繁榮景象。

離市中心約3公里遠的「神殿之谷」，保存了超過20座希臘神殿，其中最壯觀的是康可迪亞(Concordia)神殿，它是西西里島最大的多利克(Doric)式建築；丹美特(Demeter)神殿和波賽馮尼(Persephone)神殿內則有古代著名的祭壇。整個神殿之谷的遺跡規模驚人，讓醉心古希臘羅馬時代建築的旅客們趨之若鶩般湧入此地，試圖追尋當時的城市風情與繁華。

康可迪亞神殿，著名的多利克式建築

神殿之谷中保存最完整的建築物，就是康可迪亞神殿。此神殿供奉古羅馬宗教中，象徵和諧與一致的康可迪亞女神。此神殿之所以名為多利克(Doric)式建築，是因為它採用多立克柱式(Doric Order)，特徵是柱頭沒有裝飾，柱身多有凹槽，沒有基座；柱子上細下粗，有修正視覺錯覺的功用，可使建築物外觀看起來很雄偉，但卻不沉重，莊嚴簡單，因而為許多古希臘羅馬神殿所採用，例如雅典的帕德嫩神殿，亦是採用多利克柱式的建築代表。

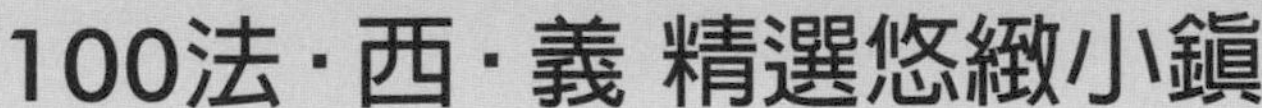

100法·西·義 精選悠緻小鎮

作　　者　　楊鎮榮
文字構成　　杜　娜
攝　　影　　楊鎮榮

總 編 輯　　張芳玲
書系主編　　劉育孜
特約編輯　　簡伊婕
美術設計　　林惠群

太雅生活館 編輯部
TEL：(02)2880-7556 FAX：(02)2882-1026
E-MAIL：taiya@morningstar.com.tw
郵政信箱：台北市郵政53-1291號信箱
網頁：www.morningstar.com.tw

發 行 所　　太雅出版有限公司
111台北市劍潭路13號2樓
行政院新聞局局版台業字第五〇〇四號
分色製版　　知文企業(股)公司 台中市工業區30路1號
TEL: (04)2358-1803
總 經 銷　　知己圖書股份有限公司
台北分公司 台北市羅斯福路二段95號4樓之3
TEL: (02)2367-2044 FAX: (02)2363-5741
台中分公司 台中市工業區30路1號
TEL: (04)2359-5819 FAX: (04)2359-5493

郵政劃撥　　15060393
戶　　名　　知己圖書股份有限公司
初　　版　　2006年4月10日
定　　價　　370元
（本書如有破損或缺頁，請寄回本公司發行部更換）

ISBN 986-7456-80-7
Published by TAIYA Publishing Co.,Ltd.
Printed in Taiwan
國家圖書館出版品預行編目資料

100法.西.義 精選悠緻小鎮 / 楊鎮榮文字・攝影
——初版—— 臺北市：太雅， 2006【民95】
面：　公分. ——（世界主題之旅：28）

ISBN 986—7456—80—7（平裝）

1.法國—描述與遊記　2.西班牙—描述與遊記
3.義大利—描述與遊記

742.9　　　　95004496

掌握最新的旅遊情報，請加入太雅生活館「旅行生活俱樂部」

很高興您選擇了太雅生活館(出版社)的「個人旅行」書系，陪伴您一起快樂旅行。只要將以下資料填妥後回覆，您就是太雅生活館「旅行生活俱樂部」的會員。

28

這次購買的書名是：世界主題之旅／100法・西・義 精選悠緻小鎮

1.姓名：________________ 性別：□男 □女

2.出生：民國 ____ 年 ____ 月 ____ 日

3.您的電話：________ 地址：郵遞區號□□□ ________________

____

E-mail：________________

4.您的職業類別是：□製造業 □家庭主婦 □金融業 □傳播業 □商業 □自由業 □服務業 □教師 □軍人 □公務員 □學生 □其他 ________

5.每個月的收入：□18,000以下 □18,000~22,000 □22,000~26,000 □26,000~30,000 □30,000~40,000 □40,000~60,000 □60,000以上

6.您從哪類的管道知道這本書的出版？□ ____報紙的報導 □ ____報紙的出版廣告 □ ____雜誌 □ ____廣播節目 □ ____網站 □書展 □逛書店時無意中看到的 □朋友介紹 □太雅生活館的其他出版品上

7.讓您決定購買這本書的最主要理由是？ □封面看起來很有質感 □內容清楚資料實用 □題材剛好適合 □價格可以接受 □其他________________

8.您會建議本書哪個部份，一定要再改進才可以更好？為什麼？

____

9.您是否已經帶著本書一起出國旅行？使用這本書的心得是？有哪些建議？

____

____

10.您平常最常看什麼類型的書？□檢索導覽式的旅遊工具書 □心情筆記式旅行書 □食譜 □美食名店導覽 □美容時尚 □其他類型的生活資訊 □兩性關係及愛情 □其他________________

11.您計畫中，未來會去旅行的城市依序是？ 1.________ 2.________ 3.________ 4.________ 5.________

12.您平常隔多久會去逛書店？ □每星期 □每個月 □不定期隨興去

13.您固定會去哪類型的地方買書？ □連鎖書店 □傳統書店 □便利超商 □其他________________

14.哪些類別、哪些形式、哪些主題的書是您一直有需要，但是一直都找不到的？

____

填表日期：____ 年 ____ 月 ____ 日

廣 告 回 信
台灣北區郵政管理局登記證
北台字第12896號
免 貼 郵 票

太雅生活館　編輯部收

106台北郵政53～1291號信箱
電話：(02)2880-7556
傳真：02-2882-1026
(若用傳真回覆，請先放大影印再傳真，謝謝！)

有行動力的旅行，從太雅生活館開始